BUZZ

© Ken Mogi, 2023
© Buzz Editora, 2024

Título original *The Way of Nagomi*

Publisher Anderson Cavalcante
Coordenadora editorial Diana Szylit
Editor-assistente Nestor Turano Jr.
Analista editorial Érika Tamashiro
Preparação Elisabete Franczak Branco
Revisão Rodrigo Nakano e Olívia Tavares
Projeto gráfico Estúdio Grifo
Assistente de design Lívia Takemura
Ilustrações de miolo Amber Anderson

*Nesta edição, respeitou-se o novo
Acordo Ortográfico da Língua Portuguesa.*

Dados Internacionais de Catalogação na Publicação (CIP)
(Câmara Brasileira do Livro, SP, Brasil)

Mogi, Ken

    *Nagomi: A filosofia japonesa para viver em paz e
harmonia* / Ken Mogi; tradução Érika Nogueira Vieira
1ª ed. — São Paulo: Buzz Editora, 2024.
    Título original: *The Way of Nagomi*.

ISBN 978-65-5393-350-7

1. Bem-estar — Japão 2. Calma — Japão
3. Paz de espírito I. Título.

24-208031	CDD 158.10952

Índice para catálogo sistemático:
1. Autoajuda: Paz de espírito: Psicologia 158.10952

Aline Graziele Benitez — Bibliotecária — CRB-1/3129

Todos os direitos reservados à
Buzz Editora Ltda.
Av. Paulista, 726, Mezanino
CEP 01310-100, São Paulo, SP
[55 11] 4171 2317
www.buzzeditora.com.br

Ken Mogi

NAGOMI

A filosofia japonesa
para viver em paz e harmonia

Tradução
Érika Nogueira Vieira

9
Introdução

15
1. *Nagomi* para iniciantes

23
2. *Nagomi* da comida

43
3. *Nagomi* do eu

61
4. *Nagomi* dos relacionamentos

77
5. *Nagomi* da saúde

93
6. *Nagomi* do aprendizado por toda a vida

105
7. *Nagomi* da criatividade

121
8. *Nagomi* da vida

137
9. *Nagomi* da sociedade

153
10. *Nagomi* da natureza

165
Considerações finais

169
Glossário

Introdução

Este é um livro sobre *nagomi*, como você percebeu pelo título. Para explicar esse conceito, me refiro à cultura, à história e ao povo japonês em profundidade, mas isso não quer dizer que essa seja uma maneira de pensar exclusivamente japonesa. O Japão tem sido aberto tradicionalmente a influências do mundo exterior; como é uma nação insular e relativamente pequena, "importou" muitas influências culturais externas com curiosidade e zelo. Historicamente, a influência chinesa tem sido crucial, e as da península coreana também têm sido fundamentais para cultivar e enriquecer a cultura japonesa. Desde o século XIX, o Japão também vem absorvendo avidamente a cultura ocidental.

A evolução da sociedade é um processo articulado e contínuo. Na verdade, os japoneses sempre encararam a sociedade como dinâmica, efêmera e flexível o tempo todo. Nós temos até uma palavra para isso — *ukiyo* (que quer dizer "mundo flutuante") —, que ilustra lindamente essa filosofia. O mundo flutuante se refere à importância do efêmero na vida japonesa, como o apreço pelas cerejeiras em flor, que duram apenas alguns dias no auge, na celebração do *hanami* na primavera. O conceito de *nagomi*, que se desenvolveu de maneira única no país, vai encontrar equivalentes semelhantes em outras partes do mundo e sem dúvida não é exclusivo do Japão no que diz respeito a suas raízes e implicações. Esse exato processo de assimilação cultural exemplifica o *nagomi* em ação, já que a cultura japonesa vem buscando a harmonia entre elementos autóctones e importados. Há também muitas interpretações possíveis do *nagomi* entre os japoneses. Fiz o melhor que pude para apresentar uma imagem equilibrada e abrangente, mas, é claro, outras pessoas podem ter opiniões diferentes. O *nagomi* tem tudo a ver com a mistura e o equilíbrio de diferentes fatores, então tentei refletir o exato conceito dele na descrição que faço neste livro.

Durante a leitura, você vai ver que o *nagomi* permite que você atinja os cinco pilares a seguir:

1 Manter relacionamentos felizes com as pessoas que você ama, mesmo que discorde delas.
2 Aprender coisas novas sem deixar de sempre ser fiel a si mesmo.
3 Encontrar uma sensação de paz em qualquer coisa que você esteja fazendo.
4 Misturar e combinar componentes improváveis para chegar a um equilíbrio harmonioso.
5 Ter uma maior compreensão da filosofia de vida japonesa.

Depois de passar algum tempo considerando o *nagomi*, espero que você possa retomar sua própria vida com novos insights sobre o que configura uma vida feliz e criativa, em harmonia com as outras pessoas, a natureza e, por fim, e talvez o mais importante, consigo mesmo. Se você até agora viveu uma vida longe do *nagomi*, tudo bem. Ainda que o conceito tenha sido cultivado e desenvolvido exclusivamente no Japão, ele é relevante para todos no mundo de hoje. Você pode construir um *nagomi* com sua vida e começar o caminho do *nagomi* (*nagomido*) bem aqui, depois de fechar este livro.

Agora é hora de começar. Bem-vindo ao *nagomi*.

1

Nagomi para iniciantes

Há muitos caminhos diferentes para uma vida de êxito, criativa e feliz. Algumas pessoas seguem por eles sendo assertivas, controversas e ocasionalmente conflituosas. Outras são mais enigmáticas. Elas podem ser muito reservadas, dificilmente se vangloriam dos próprios méritos e quase nunca criticam os outros. Só que, apesar de sua falta de autoafirmação, elas acabam sendo excelentes realizadoras. Seu histórico na vida é de impressionar e, mesmo assim, a última coisa que essas pessoas fazem é se vangloriar.

Existe alguma coisa no jeito japonês de levar a vida que evita o confronto direto mesmo quando isso acontece na tentativa de inovar. Com certeza, o que não faltam são histórias japonesas de sucesso. Não é preciso ir muito longe para encontrar exemplos: a Sony, a Toyota, a Honda e a Nissan, todas provenientes da Terra do Sol Nascente, são apenas algumas das grandes empresas que definiram a economia do pós-guerra. E ainda assim os japoneses são famosos por se manterem discretos. Eles são tipicamente despretensiosos, elegantes na derrota e reservados na vitória. Não falam abertamente suas opiniões — a ponto de alguns acharem o silêncio desconfortável. Parece que os japoneses conquistam muitas coisas milagrosas sem necessariamente afirmar os próprios méritos.

Só que por trás do silêncio e da discrição dos japoneses está um segredo há muito guardado para ter bem-estar e harmonia na vida. Este livro é sobre esse exato caminho para a realização pessoal e a paz de espírito.

Vamos começar com as letrinhas. A maioria dos livros de autoajuda promete fazer você ficar feliz, tornar-se rico ou ser bem-sucedido, ou às vezes todos os três. De fato, muitos desses livros equiparam felicidade com riqueza e sucesso. Ao contrário deles, este aqui não fala sobre encontrar atalhos para a felicidade, para o sucesso ou para a riqueza; mas sobre entender e destacar os aspectos bons e positivos da nossa vida para equilibrar as dificuldades que se abatem inevitavelmente sobre cada um de nós. Ele fala sobre maximizar o valor de nossos traços positivos, da boa sorte e do sucesso como forma de melhorar o bem-estar e nos tornar mais resilientes. Essa resiliência permite que lidemos com as coisas ruins da vida. A chave é reconhecer que as coisas desagradáveis sempre são parte da vida, e que o equilíbrio entre o bem e o mal e tudo o que existe entre os dois torna a vida mais rica e mais substancial. Assim como um pouco de ácido ou amargo ajuda a realçar o sabor de alguns pratos, superar adversidades pode nos fazer valorizar as boas qualidades que existem em nossa vida.

Então, qual é o segredo? A resposta pode ser resumida em uma única palavra:

Nagomi.

Se você nunca ouviu falar dessa palavra, a culpa não é sua. Mesmo que você saiba muito sobre outras culturas, é bem provável que nunca tenha topado com ela antes. Essa palavra e conceito veneráveis, ainda que essenciais para o que o Japão e o seu povo representam, têm sido por muito tempo o segredo mais bem guardado de como os japoneses abordam o trabalho e a vida. Este é o primeiro livro — até onde o autor sabe — a levar o *nagomi* para o restante do mundo. Ele irá explorar o conceito de *nagomi*, sua relevância na vida contemporânea, assim como os antecedentes históricos e culturais do *nagomi*, ao colocá-lo em um contexto moderno.

Mas, primeiro, o que é *nagomi*? Grosso modo, quer dizer equilíbrio, conforto e calma no coração e na mente. O *nagomi* pode tratar do relacionamento de uma pessoa com o meio ambiente ou da qualidade da comunicação com os outros. O *nagomi* pode tratar de uma mistura bem combinada e equilibrada de materiais, como da culinária. O *nagomi* também pode tratar do estado geral de espírito, como quando alguém se sente em harmonia consigo mesmo e com o mundo como um todo. Em última análise, o *nagomi* é um estado de consciência humana, caracterizado por uma sensação de tranquilidade, equilíbrio emocional, bem-estar e calma. Crucialmente, o *nagomi* presume que existam diferentes elementos, para começo de conversa, e não apenas um todo unificado e coerente. Em kanji (a versão japonesa dos caracteres chineses), ele compartilha o mesmo caractere chinês (和) que *wa*, que quer dizer "harmonia".

Semanticamente falando, *nagomu* é um verbo intransitivo e representa o ato espontâneo de chegar a um estado de

nagomi. Já o verbo transitivo *nagomaseru* descreve o processo ativo de juntar alguns elementos e criar um todo harmonioso. No dia a dia, os verbos *nagomu* e *nagomaseru* juntos têm relação com proporcionar alívio de condições de estresse, tensão, discórdia ou preocupação, os quais infelizmente são os marcos da vida contemporânea, no Japão e em outros lugares. A palavra *nagomi* também está relacionada com a palavra *nagi*, que descreve a calmaria do mar. Em alguns contextos, *nagi* (mar calmo) pode ser um símbolo de tranquilidade e paz.

Nagomi, enquanto palavra que representa todas essas nuances detalhadas, sutis e ricas, desafia uma simples tradução equivalente em outro idioma. Seu significado muda ligeiramente em cada contexto específico, então, ao longo deste livro, vou passar pelos diferentes aspectos do *nagomi* para mostrar como ele se aplica a todas as áreas da vida.

Devido a todas as suas conotações positivas, *nagomi* é um termo popular no Japão. Restaurantes, casas de repouso, marcas de chá verde, sabores de sorvete, águas termais, empresas de planejamento de casamentos, serviços de *shinrin-yoku*, um spa num hotel de luxo, uma orquestra e uma fonte de computador, todos ostentam o nome *nagomi*. *Nagomi* também é o nome de um trem especial de uso exclusivo do imperador. O trem *nagomi* conta com a última tecnologia e o maior cuidado, característico do povo japonês. A superfície do trem é pintada de roxo-escuro, cor tradicionalmente considerada de natureza aristocrática, e é tão lustrosa que parece um espelho. Os detalhes do projeto do vagão imperial em si não são conhecidos, e o próprio trem não é acessível na maior parte do tempo. Em algumas poucas ocasiões, no entanto, o público geral tem a oportunidade de pegar o trem *nagomi* em passeios especialmente planejados, e as resenhas dessas viagens invariavelmente relatam como o trem é maravilhoso. O fato de o termo *nagomi* ser usado como o nome para esse trem de ponta é um testemunho de que o *nagomi* é da mais alta estima nas tradições culturais e históricas japonesas.

Mas o *nagomi* não é só tradição. Ele segue evoluindo à medida que o Japão abre cada vez mais suas portas para o mundo exterior. Por exemplo, ele dá nome a um programa de visitas domiciliares para turistas estrangeiros, no qual famílias japonesas cadastradas recebem visitantes internacionais e cozinham para eles, de modo que todos possam aproveitar o tempo jantando juntos em suas casas.

O *nagomi* é considerado a "mãe" de conceitos importantes como *wabi sabi*, *zen*, *kintsugi*, *ichigo ichie* e *ikigai*. De fato, não é exagerado dizer que o *nagomi* está no topo da cultura japonesa e no cerne da filosofia de vida japonesa.

Pode-se remeter à importância quase que sublime do *nagomi* nos registros da Constituição dos Dezessete Artigos redigida pelo príncipe Shotoku no ano 604, considerada a primeira constituição do Japão enquanto nação. O primeiro artigo proclama que "WA é importante", usando a representação chinesa e mais formal do conceito de *nagomi*, que sugere que o Japão é uma nação construída sobre o conceito de *nagomi*.

O *nagomi* está muito relacionado ao bem-estar da mente, mas é possível encontrá-lo mesmo que você não esteja muito feliz. A beleza do *nagomi* é que ele ajuda a pessoa a aceitar a falta de felicidade percebida ou até mesmo um ocasional acidente. Ele pode nos ajudar a aceitar determinadas situações, mesmo que elas não sejam ideais. Pode parecer confuso, mas vou explicar como o *nagomi* pode proporcionar muitas maneiras de viver uma vida com menos estresse, mais relaxada e mais resiliente. E a melhor notícia é que ele pode ajudar qualquer pessoa — quem quer que você seja e de onde quer que você venha.

Estou animado para apresentar a você o conceito de *nagomi*, o cerne de todos os aspectos importantes da filosofia de vida japonesa.

Que a jornada do *nagomi* comece.

2

Nagomi da comida

Vamos mergulhar em um exemplo tangível do *nagomi*: a comida.

O Japão é famoso por seu uso criativo de produtos alimentícios. O país sempre foi um líder mundial no que diz respeito à gastronomia, que é equilibrada tanto no prazer quanto na promoção de boa saúde.

O *nagomi* está no centro da filosofia e da técnica da culinária japonesa, e é exemplificado particularmente no *kaiseki*, que descreve o equilíbrio dos ingredientes nos pratos. O *kaiseki* trata da apreciação das diversas bênçãos da natureza, e o *nagomi* nesse contexto é o termo genérico que descreve essa abordagem japonesa da harmonia na comida.

No subúrbio oeste da antiga capital do Japão, Quioto, fica a região de Arashiyama, famosa por seus caminhos entre bambus e templos tranquilos de tirar o fôlego. Junto ao rio Oigawa, perto da ponte Moon Crossing (*Togetsukyo*), você pode encontrar o restaurante Arashiyama Kitcho, que conta com três estrelas do guia Michelin. Ele é orgulhosamente tocado pelo chef Kunio Tokuoka, neto de Teiichi Yuki, e se você tiver a sorte de conseguir uma reserva nesse restaurante famoso no mundo todo, prepare-se para a arte gastronômica de verdade. Yuki foi o primeiro profissional da gastronomia de todos os tempos a receber a medalha de Pessoa de Mérito Cultural do governo japonês, por seus esforços de modernização do conceito de *kaiseki*. Ele é considerado o padrinho da tradição *kaiseki* moderna no Japão, que agora é encarada como uma das conquistas gastronômicas mais importantes do mundo.

A cozinha *kaiseki* vem da grande tradição japonesa da cerimônia do chá e é um exemplo perfeito de aplicação prática do *nagomi*. Só o que conta é a harmonia entre diversos elementos sensoriais: primeiro agradar os olhos com um cenário de materiais delicadamente arranjados e depois deliciar a língua com sabores requintados. Alcança-se o *kaiseki* quando ingredientes e materiais provenientes de todos os cantos da terra e do mar são reunidos num todo harmonioso, com cores e formas de apresentação convidativas, refletindo um profundo apreço pela sazonalidade tão típica do Japão.

Uma vez, Kenichiro Nishi, o famoso chef do sublime restaurante Kyoaji, em Tóquio, me contou que o segredo de sua maestria era levar a sério as estações do ano. No Japão, percebemos as estações do ano de modo muito nuançado, com palavras especiais para descrever as diferentes fases. *Hashiri* se refere ao início da estação, quando os novos ingredientes começam a encher o mercado. *Nagori* é o final da estação, quando os ingredientes vão ficando cada vez menos disponíveis. Tanto *hashiri* quanto *nagori* são muito valorizados e aguardados pelos *connoisseurs*, e os ingredientes relevantes alcançam preços de varejo incrivelmente altos.

Só que Nishi me disse que os ingredientes são na verdade mais saborosos bem no meio da estação (*sakari*). Nesse período, eles estão disponíveis em grandes quantidades e por isso os preços são mais baixos. Nishi contou que o trabalho de um chef japonês não é alardear sobre ingredientes escassos e cobrar preços escandalosos dos clientes, mas sim aproveitar ao máximo os ingredientes quando eles são abundantes. *Kaiseki* — embora às vezes a preços muito altos — é, na verdade, algo simples que envolve os ingredientes mais comuns da terra e do mar. É uma mistura humilde, ainda que criativa, de elementos tirados da natureza, da dedicação das habilidades de uma pessoa ao que está prontamente disponível. *Kaiseki* é uma atitude tanto quanto uma vertente gastronômica, e a comida japonesa simples do dia a dia ainda pode incorporar o espírito do *nagomi*.

Quase todos os pratos no Japão são um *okazu* (acompanhamento) para o arroz. Se você ficar em uma pousada tradicional japonesa (*ryokan*), no café da manhã, o hóspede costuma ser servido com uma variedade de pratos, incluindo picles, *nori* (alga seca), peixe assado, legumes marinados, carne temperada e *natto* (soja fermentada), junto com os onipresentes e quase obrigatórios arroz e sopa de missô. A maioria dos itens da mesa do café da manhã japonês é preparada de modo que tenha um sabor muito bom quando misturada e consumida junto com o arroz. Em outras palavras, esses pratos ficam ótimos quando são comidos com arroz.

As crianças no Japão aprendem com os pais a comer arroz e um *okazu* de cada vez no café da manhã, para que

possam experimentar as melhores sensações de sabor possíveis. É comum colocar mais de um *okazu* na boca ao mesmo tempo, junto com o arroz, para se saborear vários ingredientes de uma vez. Essa prática, chamada *kounaichoumi* (cozinhar na boca), é uma materialização física maravilhosa do *nagomi*. Nenhum sabor é uma ilha inteiramente sozinho. Quando se cozinha e se consome com *nagomi*, duas coisas não brigam em sua boca. O importante é misturar os sabores para que virem um só na língua, alcançando a maior harmonia possível na refeição.

O famoso bentô japonês é uma expressão visual do método usado para perceber o *kounaichoumi* e a filosofia do *nagomi* por trás dele. Um bentô típico traz uma porção de arroz, muitas vezes moldado num quadrado, junto com vários outros itens, todos bem dispostos como peças de um quebra-cabeça. Não há "prato principal"; tudo é oferecido em pequenas porções arrumadas e pensado para ir bem com o arroz. Desde que eles consigam *nagomi* com o arroz, realmente não importa quantos itens diferentes haja na caixa de bentô. Existe um bentô de apresentação ainda mais elegante, chamado *shokado*, que tem uma ligação profunda com o espírito *kaiseki*. Ele nasceu na casa e nos jardins Shokado, no subúrbio sul de Quioto, e se tornou sinônimo de cozinha refinada apresentada em formato de bentô. Muitos restaurantes finos oferecem bentô *shokado* para clientes que estão com pressa e querem comer rápido ou levar para viagem.

Fazer bentôs no Japão sempre foi coisa séria. Não se trata apenas de colocar sanduíches e uma maçã num saco de papel pardo, como seria típico em alguns lugares do mundo. Fazemos tanto estardalhaço sobre como preparar um bentô: existem até livros dedicados à arte de montar o bentô.

O princípio mais essencial é preparar vários itens em pequenas porções. O arroz deve estar sempre no meio, unificando os outros itens. Você pode substituir o arroz por alimentos básicos disponíveis no supermercado, como pão, macarrão, massa, tortilhas, batatas, cuscuz ou *ugali*. Se preparar diversos alimentos em pequenas porções e dispô-los com arroz ou com o amido básico de sua preferência, você reproduziu a essência do *kaiseki* ou *shokado*. Tudo o que você precisa fazer agora é perceber o *nagomi* ao *kounaichoumi* (cozinhar na boca)!

Não só a comida disposta dessa maneira parece boa, mas os formatos *kaiseki* e bentô também exemplificam diversos princípios e benefícios da abordagem *nagomi* e do método de consumo *kounaichoumi*. Para começo de conversa, os dois ajudam a alcançar o tão importante equilíbrio nutricional.

Em segundo lugar, eles proporcionam ao chef muitas oportunidades de mostrar suas habilidades em uma única refeição. Em terceiro lugar, a mera diversidade de ingredientes oferece uma grande chance de representar algumas das várias bênçãos que recebemos da natureza, fazendo essa culinária tipicamente japonesa ecoar o ambiente em que vivemos.

No entanto, essa abordagem da comida muitas vezes desorienta pessoas de regiões de onde esses ingredientes de fato se originaram.

Um exemplo intrigante é o guioza. Os guiozas, originários da China, agora são onipresentes no Japão. Restaurantes especializados em guioza estão se tornando populares, com um restaurante declarando orgulhoso que "guioza e cerveja formam uma cultura juntos", o qual sem dúvida é meu slogan favorito. Fora do Japão, o guioza passou a representar uma parte básica da culinária japonesa. Pode ser uma surpresa para você, então, eu dizer que a forma como os guiozas são preparados e consumidos no Japão é totalmente diferente do país de origem deles. E isso tem muito a ver com *nagomi*, em particular com *kounaichoumi*.

Uma vez eu tive uma discussão amigável com um casal chinês em um cruzeiro. Não, não estávamos discutindo a que país algumas ilhas disputadas pertenciam. Estávamos discutindo se era aceitável comer guioza com arroz — ou seja, como *okazu*. O casal chinês estava inflexível. Era inconcebível, eles disseram. Sugeriram até que era um sacrilégio. Guioza era guioza, eles disseram, e deveria ser comido sozinho, nunca com arroz. Até sugeriram que se sentiam enjoados de pensar que havia gente no planeta que era insensata o bastante para comer guioza com arroz.

"Mas guioza é tão bom", eu protestei. "Sabe, nos restaurantes japoneses, guioza com arroz é um prato muito popular. Você mergulha o guioza no molho de soja picante e come com arroz... humm! É tão gostoso."

O casal chinês parecia surpreso e chocado, como se estivessem falando com um bárbaro.

"Pode ser... nada explica o sabor. Mas a gente acha nojento comer guioza com arroz."

Então, não importava o quanto a conversa fosse amigável, não conseguíamos concordar sobre a questão.

Para ser preciso, os guiozas consumidos na China são principalmente *suigyoza* (pasteizinhos fervidos), que são cozidos em água quente e acrescentados a uma sopa saborosa. O *suigyoza* tem uma massa macia e úmida. O guioza popular no Japão é o *yakigyoza* (guioza grelhado), com uma massa crocante e recheado com carne ou vegetais suculentos. Até no Japão, talvez não seja típico comer arroz com *suigyoza*, ainda que algumas pessoas façam isso (inclusive eu). Já comer *yakigyoza* com arroz é um costume muito popular no Japão. Eu mesmo adoro *yakigyoza* com arroz, quando você mergulha o *yakigyoza* no molho de soja picante e come com arroz branco cozido no vapor. (Escrever isso me dá água na boca...) Enfim, tudo isso para dizer que é interessante observar que os guiozas começaram a evoluir numa direção que significava que seriam mais saborosos quando consumidos com arroz, em vez de consumidos sozinhos. Essa é uma aplicação muito típica do princípio do *nagomi* (melhor junto, nesse contexto) a esse venerável prato chinês.

O conceito de *nagomi* na prática de *kounaichoumi* (cozinhar na boca) nos incentiva a incorporar e abraçar muitos

materiais diferentes da natureza, desde a montanha até o mar. O mesmo espírito vale para a tradição japonesa de consumir diversos tipos diferentes de comida com saquê — vinho de arroz —, a bebida alcoólica típica do Japão.

Izakayas são bares japoneses que oferecem bebidas alcoólicas e comida, e eles têm uma longa história; remontam pelo menos ao início do século VIII. Em obras-primas cinematográficas do diretor Akira Kurosawa, como *Yojimbo* e *Sanjuro*, você pode ver samurais, mais inesquecivelmente o grande ator japonês Toshiro Mifune em seus papéis como Sanjuro Kuwabatake e Sanjuro Tsubaki, se divertindo em um *izakaya*. Embora *izakayas* modernos ofereçam uma grande variedade de bebidas alcoólicas, como cerveja, vinho, *shochu* e uísque, o saquê continua sendo a bebida principal e mais importante. De fato, o saquê é a bebida que define os *izakayas*.

Há muitas opções no cardápio dos *izakayas*, mas os básicos são sashimi, edamame, legumes marinados, tofu, *yakitori*, carne de porco assada e yakisoba. Ainda que os pratos oferecidos nos *izakayas* sejam variados, eles têm uma coisa em comum: um sabor dos mais deliciosos quando consumidos com saquê. Ou seja, são todos *tsumami*, uma palavra que descreve a gama de pratos especialmente pensados e feitos para acompanhar o saquê. Hoje, *tsumami* também refere-se a comidas que podem ser acompanhadas por outras bebidas alcoólicas, como cerveja, uísque e vinho. Pode-se dizer, por exemplo, que o edamame é um *tsumami* perfeito para a cerveja, ou que o queijo é um excelente *tsumami* para o vinho. Só que *tsumami* refere-se sobretudo a comidas que acompanham o saquê. É possível dizer que um *izakaya* é um lugar que oferece saquê e vários *tsumami* para acompanhar. É maravilhoso estar em um *izakaya* e observar o *nagomi* simplesmente deleitante se revelando em sua boca enquanto saboreia seu saquê com vários tipos de *tsumami*. Essa é de novo uma aplicação do *kounaichoumi* (cozinhar na boca). Aqui, o saquê é o toque final dos *tsumami*, que são saborosos por si só.

A propósito, na porção ocidental do Japão, a palavra *ate* (que se pronuncia de modo semelhante à palavra "pátê") costuma substituir *tsumami*. O fato de ter a mesma grafia do pretérito do verbo "comer" em inglês é mera coincidência, mas fica mais fácil lembrar que, se você for a um *izakaya* em Osaka, vai pedir saquê e *ate* em vez de saquê e *tsumami*. Antigamente, havia a palavra *sakana*, que descrevia qualquer tipo de comida que combinasse bem com saquê. Etimologicamente, *sakana* deriva da combinação de saquê e *"na"*, está descrevendo qualquer ingrediente ou prato complementar que acompanhavam o sabor principal (nesse caso, saquê).

Assim, qualquer coisa que acompanhasse o saquê era considerada *sakana*. Curiosamente, no japonês moderno, *sakana* também é o termo abrangente para descrever vários tipos de peixe. Isso de fato faz sentido, já que pratos de peixe, sobretudo sashimi, combinam às maravilhas bem com saquê. E como no japonês moderno *sakana* passou a se referir primeiramente a peixes, as pessoas tendem a usar *tsumami* (ou *ate*) para descrever as delícias gastronômicas que acompanham o saquê.

A delícia do *okazu* ou *tsumami* é definida em relação ao arroz ou saquê. Claro, o saquê é feito de arroz, então o fato de outros alimentos serem avaliados de acordo com seu desempenho com arroz e saquê é uma prova do status do arroz como uma cultura agrícola importante no Japão. De fato, ele é *a* cultura agrícola importante, tanto que o próprio imperador faz uma cerimônia de plantio de arroz todos os anos no Palácio Imperial. Historicamente, a extensão de terra designada para um guerreiro samurai era estimada em relação ao tamanho da safra de arroz que a terra havia produzido.

Em um nível mais filosófico, o arroz e o saquê também são símbolos dos valores associados ao ideal do *nagomi*. O arroz e o saquê de melhor qualidade são marcados por sua neutralidade, falta de autoafirmação e capacidade extraordinária de se combinar bem com vários outros sabores e ingredientes, que provavelmente serão mais coloridos e notáveis se comparados ao arroz e ao saquê, tão humildes na aparência. Pode-se até dizer que o ideal japonês de eu na sociedade é um pouco como um bom arroz ou saquê, bem longe de personalidades mais autoafirmativas. Talvez seja por isso que os japoneses tendem a achar condizente que o imperador, sempre reservado e despretensioso, plante arroz todos os anos. Também é considerado oportuno oferecer arroz e saquê aos deuses em santuários xintoístas, o que reflete a noção de que a neutralidade é ressonante, nesse contexto a ponto de ser adequada para propósitos religiosos ou espirituais.

Só que o arroz e o saquê não são os únicos a representar o santuário máximo do *nagomi*. Existe uma ampla gama de alimentos que encarnam o espírito do *nagomi*, e pratos como ramen, katsu curry e *oyako don* podem ser considerados o resultado de tentativas de encontrar *nagomi* entre a engenhosa cultura gastronômica do Japão e as influências do exterior.

Ao longo dos anos, nós desenvolvemos no Japão o gosto por muitos estilos de cozinha diferentes importados de todo o mundo. A expressão japonesa *wayochu* se refere aos estilos gastronômicos originários do Japão (*wa*), do Ocidente (*yo*) e da China (*chu*), e representa o principal tipo de alimentos disponíveis no Japão moderno. Hoje, em quase todo o país, não importa quão pequena seja a cidade, é possível encontrar restaurantes que servem uma seleção de itens *wayochu*, em geral se concentrando em um dos três estilos, mas, em alguns casos, servindo todos eles. De fato, a cozinha ocidental é tão onipresente no Japão que as pessoas costumam brincar que "a melhor culinária francesa pode ser encontrada no Japão".

É possível que o katsu curry seja um dos pratos japoneses que teve recepção mais rápida e internacional. Isso é verdade em particular, pelo menos na minha experiência, no Reino Unido. Vou à Inglaterra com regularidade desde que fiz pós-doutorado em Cambridge, mais de duas décadas atrás. É interessante ver como a culinária japonesa se tornou tão amplamente aceita naquele país que já foi tão conservador em relação à gastronomia. Ainda me lembro do meu choque quando, almoçando em um restaurante de sushi na estação Victoria há quase uma década, um britânico pediu katsu curry. Eu nunca esperei que esse adorado prato japonês fosse ser aceito tão longe. Apenas alguns anos depois, ao seguir por uma das ruas mais movimentadas do centro de Londres, reparei em um outdoor declarando que o restaurante anunciado tinha "o melhor katsu curry da cidade". Quando você leva em consideração como se originou o katsu curry, você preza como ele é um belo exemplo do princípio do *nagomi* em ação. O hábito de comer carne só foi introduzido no Japão através da influência e da modernização que veio do Ocidente, e o curry, é claro, vem da Índia. Então, o katsu curry representa uma mistura de muitas influências diferentes do mundo todo, mesclando tudo num todo harmonioso; um belo exemplo do *nagomi* de comida.

O ramen é outro exemplo interessante do princípio do *nagomi*. Ele é originário da China, mas hoje pessoas do mundo todo se amontoam nos restaurantes de ramen no Japão. O universo do ramen se expandiu, e há muitas variedades desconcertantes. Em Tóquio, você pode provar sopas à base de sal, molho de soja, missô, peixe, tutano de porco, ossos de galinha, legumes e assim por diante. A variedade de macarrão e finalizações também é grande. O céu, ou melhor, a sua imaginação, é o limite. Não existem tabus, desde que tudo seja saboroso. Em outras palavras, tudo é possível desde que os ingredientes estejam em *nagomi*.

Como os japoneses costumam pôr em prática o *kounaichoumi* (cozinhar na boca) desde a infância, há relativamente poucas barreiras psicológicas quando se trata de juntar ingredientes incomuns. Esse princípio da associação livre ajudou o universo da gastronomia japonesa a se expandir. O *nagomi* torna quase tudo possível.

Talvez o resultado mais conhecido da flexibilidade gastronômica proporcionada pelo *nagomi* seja o sushi. O sushi é um estilo culinário de incrível fluidez. Tome o *maki* (sushi em forma de rolo), por exemplo. Existem vários estilos tradicionais de *maki*, e os bons restaurantes de Tóquio os seguem. Se você entrar em um deles e pedir um *maki* não tradicional, tudo o que vai receber é uma cara feia. Só que o restante do mundo está totalmente livre para se desviar desses guardiões da tradição. Na verdade, é possível fazer o *maki* de várias formas diferentes, como o Califórnia, o skin e o vegetariano, mas você não vai encontrar facilmente esses tipos no Japão. Os brasileiros podem achar decepcionante que os *makis* Califórnia, por exemplo, sejam difíceis de encontrar nos restaurantes de Tóquio. E ainda que ele seja extremamente popular fora do Japão, pedir salmão em um bom restaurante de sushi é um jeito de conseguir um olhar de desdém do chef atrás do balcão, já que o salmão não é considerado um peixe autêntico para ser usado em sushis tradicionais, em parte porque a maioria é importada de fora do Japão. O tipo de sushi em Tóquio e em outros lugares do Japão continuou praticamente inalterado, para a alegria dos puristas e visitantes que sabem do assunto. Só que uma vez que você está fora do círculo de sushi tradicional tão ciosamente guardado, está totalmente livre para fazer o que quiser, desde que o que faça seja *nagomi*. Você poderia inventar a mais doida das receitas e ainda assim seria sushi. Preparar sushi divertido e inovador condiz com o que os japoneses vêm fazendo numa atmosfera de *nagomi* ao longo dos anos.

Nos restaurantes de *sushi kaiten* (sushi giratório) no Japão, você se senta à mesa e a esteira roda, passando diante de você pratos com variedades de alimentos em pequenas porções. Tudo é possível e aceito de pronto. Pode haver até sushi doce com cobertura de creme e chocolate, ou peças que incorporam pratos ocidentais, como sushi de rosbife. Não é preciso dizer que você vai encontrar salmão em um *sushi kaiten*; na verdade, o sushi de salmão é um dos pratos mais populares nesses restaurantes.

O sushi é uma aplicação maravilhosa do espírito do *nagomi*, no qual elementos de muitas origens culturais diferentes podem ser combinados formando um todo saboroso. O segredo da grande flexibilidade do sushi está, mais uma vez, no arroz. Esse grão onipresente, branco e fumegante está no cerne do *nagomi* da cozinha japonesa. Sem o arroz, o *nagomi* na culinária seria impossível. Na verdade, o arroz é a apoteose do *nagomi* na culinária. Por causa da adaptabilidade dele, o povo japonês pôde acolher muitas influências do exterior.

Ainda que o katsu curry e o sushi de rosbife possam estar disponíveis fora do Japão, se você não mora nesse país, pode ser difícil valorizar todo o espectro do *nagomi* na culinária japonesa. Existem infinitos menus baseados nos princípios do *nagomi*, e outros novos são inventados o tempo todo. Só que pode demorar um pouco para que essas inovações gastronômicas sejam mais amplamente difundidas. Mas isso está mudando, e agora o *nagomi* pode vir até engarrafado.

A marca de uísque japonesa Suntory é um exemplo disso. Seiichi Koshimizu, que é o principal mixologista da empresa há muitos anos, desenvolveu sua abordagem singular ao reconhecer as propriedades únicas de cada *single malt* armazenado nos barris de sua empresa. Sua aplicação de novos insights a cada estágio da natureza imprevisível do processo de maturação ajudou o uísque japonês a se destacar no mercado mundial, tanto no que diz respeito à qualidade quanto ao prestígio. Hoje, as principais marcas de uísque Suntory, muitas das quais com nomes em kanji (versão japonesa dos caracteres chineses), como Hibiki ou Hakushu, são tão populares que a empresa pede a seus funcionários que não bebam seu uísque; não há quantidade suficiente para atender à demanda de todo o mundo.

Essa engenhosidade também explica por que os gins artesanais japoneses são cada vez mais populares — algo que um dia pegou de surpresa este autor.

Um grande amigo meu, Dan Ruderman, uma vez me enviou um e-mail de sua casa na Califórnia. Dan se vangloriou de estar degustando um gim japonês, Kinobi, que ele achava um dos melhores do mundo. Para ser honesto, eu não tinha ouvido falar do Kinobi, nem do conceito de gim artesanal japonês, até aquele dia. Dan descreveu como o Kinobi era aromático e de uma refrescância rica. Acreditei nele na mesma hora, eu sabia que ele era uma pessoa de bom gosto. Algumas semanas depois, eu estava desfrutando de um vinho num bar em Tóquio. Eu me lembrei das palavras de Dan e perguntei informalmente ao barman se ele tinha Kinobi. Ele respondeu que sim e me trouxe uma dose. O que eu provei então foi de fato uma revelação. O líquido transparente no copo não era como nada que eu já tinha provado.

O Kinobi, produzido na Kyoto Distillery, na antiga capital do Japão, é um belo exemplo do que o princípio do *nagomi* pode alcançar. Como no caso dos grandes uísques Suntory, é o equilíbrio entre os diferentes elementos que torna esse gim tão especial. A página oficial da Kyoto Distillery exibe onze botânicos (zimbro, orris, hinoki, yuzu, limão, chá verde gyokuro, gengibre, folhas de shiso vermelho, folhas de bambu, pimenta sansho e kinome) em seis grupos de sabores (base, cítrico, chá, especiaria, frutado e floral, e herbal). Dessa infinidade de ingredientes, o yuzu, um tipo especial de fruta cítrica com um sabor característico largamente utilizado na cozinha japonesa — e que também está se tornando bastante comum na culinária internacional — é talvez seu traço mais importante e definidor. Curiosamente, esses botânicos (yuzu, chá verde gyokuro, pimenta sansho e kinome, em especial) são usados no dia a dia da culinária japonesa, inclusive nos sublimes pratos da *kaiseki*.

Durante a assimilação de influências externas depois da modernização do Japão no século XIX, surgiram muitas formas singularmente japonesas do *nagomi* — incluindo o uísque, os gins, o katsu curry, o *oyako don*, o guioza e o ramen. Tudo isso emergiu de esforços para acomodar influências externas de modos criativos. O insight mais marcante que se pode tirar disso é que o *nagomi* talvez seja o princípio norteador mais importante da cozinha japonesa.

Quando se alcança o *nagomi* entre os ingredientes, o prato é saboroso, muitas vezes sublime.

Estes são alguns modos por meio dos quais o *nagomi* é aplicado no preparo de alimentos:

Ao cozinhar, você adiciona ingredientes sem discriminação, independentemente da origem, cultural e geográfica deles. O *nagomi* da comida é uma postura muito liberal.

Dois, você os combina e mistura, tentando alcançar um equilíbrio entre os diferentes ingredientes, sem passar por cima deles com um molho forte, por mais saboroso ou eficaz que ele possa ser. Assim, a comida japonesa é famosa por seu cuidado meticuloso e consideração em relação a cada alimento por seu próprio mérito, em vez de direcioná-lo e forçá-lo a um sabor específico. O *nagomi* da comida é democrático.

Três, através do *nagomi* de misturar e combinar, alguns novos sabores e texturas nascem, frequentemente com resultados inesperados e surpreendentes. Portanto, o *nagomi* da comida é um processo criativo. O sorvete de matcha, que combina sorvete (um alimento que vem do Ocidente) com o matcha (folhas de chá em pó, um botânico originalmente japonês), é um exemplo do aspecto criativo do *nagomi* da comida por excelência.

Por fim, o *omakase* (seleção do chef) é um conceito no qual o chef vai tentar encontrar um equilíbrio *nagomi* entre a variedade de ingredientes disponíveis no dia, ao prepará-los com cuidado e servi-los na ordem e nas combinações corretas. A suposição no Japão é de que exista uma discrepância de conhecimento entre o cliente e o chef; talvez seja melhor o chef decidir quais ingredientes usar e apresentar, em vez de o cliente pedir o que quer. Dependendo da estação, o chef escolheria e prepararia os melhores ingredientes disponíveis, com quantidades ideais de molhos e especiarias, para que o cliente tivesse apenas de levar a comida à boca, como uma criança despreocupada. Existe um *nagomi* na relação de confiança entre o cliente e o chef.

Então, se você for a um bom restaurante japonês, se sentar ao balcão e pedir o *omakase* do dia, pode esperar que tudo seja preparado com espírito de *nagomi*. Você vai se sentir em sintonia com o chef que pensou seus pratos, como se estivesse se comunicando direto com ele. Jantar em um bom restaurante japonês pode, com sorte, fazer você se sentir como se estivesse conectado ao cerne deste universo, e isso se deve ao *nagomi*.

3

Nagomi do eu

As profissões que encaramos, enquanto sociedade, como as mais nobres mudam ao longo do tempo. No passado, a maioria das crianças japonesas aspirava ser jogador profissional de beisebol, ator, cantor ou diretor de anime; já nos últimos anos, pesquisas mostraram que ser um youtuber é agora uma das ocupações a que mais se aspira.

Não é só no Japão que isso acontece. Em 2020, Ryan Kaji, um menino de doze anos que vive no Texas, foi o youtuber que obteve maior renda no mundo, tendo já ganhado 2,8 milhões de dólares com a tenra idade de nove anos. Seu canal, Ryan's World, traz vídeos dele fazendo o unboxing de diversos brinquedos e outras coisas, e tem, na minha última contagem, 28,5 milhões de inscritos. Considerando essa demonstração de sucesso e em tamanha escala, não é de admirar que as crianças encarem os youtubers como inspiração para suas próprias carreiras.

Outro exemplo é Yutaka Nakamura, também conhecido como Yutabon, que começou seu canal com a ajuda do pai quando tinha apenas oito anos. Eu me lembro claramente de quando conheci Yutabon em 2019, em Naha, principal cidade da ilha de Okinawa, no sul. Okinawa é uma área identificada como uma das Zonas Azuis de saúde e longevidade pelo autor americano David Buettner em suas falas sobre *ikigai*, a qual, se você leu meu primeiro livro, vai saber que é a filosofia japonesa que ajuda a encontrar mindfulness e alegria em tudo o que faz. As pessoas que moram em Okinawa têm uma das maiores expectativas de vida do mundo, com alguns moradores chegando à incrível idade de cento e dez anos, e considera-se que a boa saúde dos habitantes da ilha está ligada à genética e à dieta. Yutabon tinha se mudado da cidade onde nasceu, Osaka, para Okinawa no ano anterior e, na época em que nos conhecemos, ainda não era tão conhecido. O canal de Yutabon fala principalmente das dores de crescimento de um jovem que se recusa a ir à escola, e não demorou muito para que ele se tornasse um nome famoso.

Quando conheci Yutabon, ele falou energicamente sobre sua indignação com as maneiras injustas como ele sentia que os professores o tratavam. Depois de um incidente em particular, bastante desagradável, no qual um professor se recusou a entender seu ponto de vista, Yutabon se recusou a ir à escola e deu início a seus próprios projetos de aprendizado. Ele se formou no ensino fundamental em março de 2021, mas não foi autorizado a participar da formatura, já que seu cabelo estava tingido de loiro. No Japão, as escolas costumam considerar o cabelo preto como a única cor natural ou correta, e qualquer criança que pinte o cabelo de outras cores tende a ter problemas. Isso talvez seja ridículo quando você considera que crianças com um tom de cabelo natural mais claro aparentemente foram instruídas a pintar o cabelo de preto.

O caso de Yutabon é interessante, já que conta uma história universal, mas singular. Ela nos lembra como é difícil às vezes crescer numa sociedade onde há muita pressão dos pares. Ao mesmo tempo, demonstra como é possível chegar a um estado de *nagomi* com outras pessoas, mesmo em um ambiente escolar onde há regras demais e leniência de menos. É maravilhoso ver Yutabon com um humor otimista de verdade, aprendendo alegre o que quer. É bastante interessante observar o estado de espírito de Yutabon, mesmo do ponto de vista dos adultos.

A história de Yutabon ecoa com a de Naoki Higashida, autor de *O que me faz pular*. Em seu livro, Higashida descreve como superou as dificuldades de crescer em um mundo em que as pessoas que o cercavam não sentiam nem pensavam da mesma forma que ele. As experiências de Yutabon e Higashida são únicas não por serem apenas histórias do triunfo da individualidade, mas também pela realização do *nagomi* com a sociedade. A vida dos dois pode não ser típica, mas suas histórias corajosas oferecem informações importantes sobre como todos nós podemos viver. Aprender a acolher as diferenças de outras pessoas é o *nagomi* em ação.

Muitas das dificuldades e desafios do mundo moderno são relacionados ao problema do eu. É uma tendência humana natural nos compararmos com os outros, mas muitas vezes nos julgamos quanto aos valores percebidos de outras pessoas. Há muitos ditados que expressam esse conceito, como "manter-se no nível dos Joneses" (ou das Kardashians), "a grama do vizinho é sempre mais verde" ou, como dizem no Japão, "a flor da casa ao lado é mais vermelha". Ao longo de nossa infância, adolescência e vida adulta, deixamos que outras pessoas sejam nosso espelho. Isso é bastante normal, mas também pode causar problemas quando se trata de acolher e manter o eu na comunidade mais ampla. E o pior, muitas vezes damos a outras pessoas, sobretudo às que nos são próximas, o poder e a autoridade para determinar o modo como nos sentimos em relação a nós mesmos. Isso quase chegou a acontecer com Yutabon em sua vida escolar, mas no fim das contas ele se recusou a deixar o professor exercer influência demais na construção de sua personalidade.

No passado, o conjunto de pessoas com as quais nos comparávamos era definido por nossa localização e por nosso círculo social, e era, assim, menor. Nos últimos anos, serviços de redes sociais como X (antigo Twitter), Facebook, Instagram e TikTok tornaram possível se comparar a milhões de pessoas no mundo todo. Alguns usam as mídias sociais como plataformas de autopromoção para mostrar ao mundo como são descolados, bonitos e interessantes. A corrida armamentista entre indivíduos nas mídias sociais levou a uma situação em que muitas pessoas se sentem pressionadas a fazer uma curadoria de sua presença on-line, essencialmente para anunciar a si mesmas. Não é necessário dizer que isso, na maioria das vezes, não leva à felicidade; e é aqui que entra o *nagomi*.

Para conseguir satisfação na vida, é preciso chegar a um ponto de *nagomi*. O primeiro passo é a autoaceitação. Esse desafio é diferente para cada um, porque as pessoas nascem em realidades diferentes. Há evidências que sugerem que amor e apoio insuficientes na infância prejudicam a capacidade de controlar as emoções na idade adulta. Só que elas não sugerem que as experiências que tivemos durante a infância vão determinar e dominar nosso bem-estar posteriormente na vida. Acontece que algumas pessoas nascem em famílias de "sorte", e outras têm dificuldade para superar um início de vida problemático.

Porém, mesmo que você tenha tido sorte em sua criação, isso não significa automaticamente que terá um *nagomi* natural. Na ciência da satisfação na vida (também conhecida como felicidade), um modelo cognitivo conhecido como "ilusão de foco" é famoso por desempenhar um papel importante. Ele descreve a tendência de se concentrar demais em um defeito particular ou em uma deficiência percebido nas circunstâncias de uma pessoa e de se tornar excessivamente insatisfeito (infeliz) por causa dele. Isso significa que é possível ser excessivamente infeliz, ainda que objetivamente a situação não seja de todo tão ruim. Uma pessoa rica pode ter a autopercepção de ser pouco atraente fisicamente; uma pessoa atraente pode ter tido pais que a diminuíram; uma pessoa naturalmente inteligente pode ter tido acesso limitado à educação. O raro é alguém afortunado o bastante de ter tido sorte em todos os elementos que contribuem para uma boa vida. O segredo é alcançar o *nagomi* com as circunstâncias particulares em que você calhou de nascer.

Sabemos que não existe algo como uma vida perfeita, só que, com frequência demais, as pessoas acham que existe uma solução mágica que vai resolver todos os seus problemas. Como nós todos sabemos, dinheiro não compra felicidade, muito menos amor, mas podemos às vezes achar que compra. Ou você pode acreditar que fazer uma faculdade com boa fama é o mais importante de tudo; mas, mesmo que a pessoa possa fazer isso, não significaria necessariamente que todos os problemas de sua vida estariam resolvidos de uma hora para outra. Uma educadora que vivia no Japão me contou certa vez sua experiência de se encontrar com alguns alunos assistentes de Harvard. Eles lhe disseram que, mesmo depois de terem se formado em Harvard, conseguido empregos bem remunerados e construído famílias em casas enormes, alguns deles ainda se sentiam desolados e infelizes. Há histórias parecidas no Japão; pessoas que se formaram nas melhores universidades do país, como as de Tóquio, Quioto, Keio ou Waseda, não necessariamente têm uma vida satisfatória.

Aqui, duas metáforas podem ser úteis para colocar as coisas em perspectiva: a bala de prata e o tapete mágico. A bala de prata se refere à ideia de que existe de algum modo uma solução perfeita, um ingrediente-chave capaz de resolver todos os nossos problemas. Por outro lado, na metáfora do tapete mágico, existem muitos aspectos diferentes que tornam a vida boa. Unir esses aspectos, em vez de se escorar apenas em uma coisa para melhorar sua vida, é o caminho para alcançar satisfação.

Em geral, não existe bala de prata capaz de matar a fera e resolver num passe de mágica todos os seus problemas,

mas as pessoas tendem a perder muito tempo buscando esse tipo de resposta nos lugares errados. Procurar a bala de prata é uma das falácias mais perturbadoras na vida. Você pode encontrar um lado bom, mas provavelmente nunca uma bala de prata.

É muito melhor procurar uma combinação de vários elementos — como seus relacionamentos, trabalho e estilo de vida — para ajudá-lo a se sentir mais feliz. Essa é a solução do tapete mágico, em que diversos fatores diferentes ajudam você a flutuar sobre o mar de desolação e desastre. Essa é a solução que pode levá-lo a um melhor *nagomi*, tanto consigo mesmo quanto com seu entorno. Não é uma situação de enfrentar ou fugir, escapando de coisas que nos deixam infelizes, ou apenas querer ter um emprego ou uma família diferente ou mais dinheiro. É uma oportunidade de ficar e alcançar o *nagomi*.

A autoestima é uma parte importante para se chegar ao *nagomi*. A autoconfiança é uma coisa boa, desde que não vá longe demais, já que muito dela irá resultar em uma vida desequilibrada. Se você tiver um ego grande demais, pode carecer de compaixão e humildade para ser um bom amigo ou parceiro. Você pode subestimar pessoas mais discretas e arrogantemente presumir que sabe mais, quando poderia ganhar ao ouvir os outros, mesmo que não sejam externamente tão confiantes quanto você. O *nagomi* da autoestima significa conhecer seu verdadeiro eu, seus pontos bons e ruins, e aceitá-los. Acolher as coisas que você não pode mudar é um aspecto fundamental do *nagomi* do eu. Um modo de aplicá-lo à sua vida é perdoar os outros, em vez de se agarrar à raiva, ao ressentimento ou à culpa. Você tem que se perdoar pelas transgressões do passado e, da mesma forma, perdoar as outras pessoas pelas coisas que fizeram contra você. Não é possível chegar ao *nagomi* se não tiver esse equilíbrio.

Se aceitar quem é, ninguém poderá fazer você se sentir mal consigo mesmo. O que as outras pessoas dizem ou fazem não poderá afetá-lo, porque a autoestima dá a você a resiliência suprema. Um australiano amigo meu, que agora mora em Tóquio, uma vez gracejou: "Sempre vai ter alguém mais inteligente que você, mais rico que você e mais bonito que você. Mas lembre-se: não tem ninguém melhor em ser você do que você mesmo!".

Outra forma crucial de se chegar ao *nagomi* do eu é o *gaman*, um conceito japonês ligado à perseverança. Trata-se de uma das premissas mais importantes do *zen* budismo, e seus princípios há muito são amplamente glorificados e praticados, sobretudo entre a classe dos samurais na Idade Média. Você pode pensar que, como os guerreiros samurais eram a classe dominante, eles tinham seu próprio caminho na vida, e que seus valores não eram particularmente relevantes para nós nos dias de hoje, mas o *gaman*, ou autocontrole, poderia muito bem ser a ética do século XXI. Por exemplo, se você estivesse numa nave espacial, o *gaman* poderia ser uma das melhores virtudes com que você poderia contar. Uma viagem a Marte levaria meses. Durante esse tempo, seria essencial praticar o autocontrole, o *gaman*, especialmente no contexto de não incomodar os outros e não exigir demais dos recursos limitados a bordo. Na verdade, o processo de seleção de astronautas já se concentra na capacidade de autocontrole dos candidatos.

Só que não importa como trabalhamos para melhorar as condições ao nosso redor, não é possível criar um mundo perfeito; na verdade, a própria premissa de um mundo perfeito reiteradamente levou a condições mundanas de distopia. Mas com um pouco de *gaman*, pode ser que cheguemos a um *nagomi* no mundo imperfeito em que vivemos.

Assim, o *nagomi* do eu é dependente da conquista de autoconhecimento, aceitação, perdão e autoestima. Em sua forma mais extrema e simples, o *nagomi* do eu levaria ao apagamento de todos os traços de considerações egocêntricas. Na cultura jovem japonesa, como vimos nos casos de Yutabon e Higashida, há uma abordagem única para a determinação e a manutenção do eu no contexto social, com elementos também de libertação do eu. E sempre há um sentido de meditação *zen*, mesmo no hype da mídia social de alguém. No *zen* budismo, o saber essencial trata da libertação de seus desejos mundanos e do estabelecimento de um equilíbrio interno, imperturbável por aquilo que acontece do lado de fora. A meditação ajuda a desenvolver a mindfulness para alcançar tudo isso. É como se alguém pudesse ser um sacerdote *zen* em um mar de paparazzi e de repórteres ávidos por comentários. O segredo para entender o *zen* do eu social no Japão é o anonimato.

Para um breve observador, Hiroyuki Nishimura, vestido casualmente, com uma barba característica no queixo, pareceria um cara comum, mas ele é o fundador do 2chan do Japão, que em dado momento foi o maior fórum anônimo do mundo, e agora ele é dono 4chan. (A propósito, às vezes chamam atenção para o fato de que Hiroyuki se parece com a representação popular de Guy Fawkes, nas máscaras que as pessoas envolvidas com o movimento Anonymous usam. Eu, pessoalmente, concordo.) As pessoas usam esses fóruns para conversar com outros usuários anônimos sobre assuntos que vão de interesses em comum, como anime e mangá, a discussões mais sérias sobre política, identidade e saúde mental. Por todos serem anônimos nesses sites, eles podem ser mais diretos em seus pontos de vista e menos preocupados com o fato de serem julgados. Isso é em sua maior parte algo positivo, ainda que possa fomentar atividades mais obscuras, incluindo cyberbullying e ameaças de violência. Encontrei Hiroyuki muitas vezes, e ele é uma pessoa despreocupada e despretensiosa, que faz considerações sobre muitas questões públicas, mas quase nunca se concentra em promover os próprios interesses. Ele não é uma pessoa que se colocaria à frente para ir atrás de coisas em seu próprio benefício, como muitos "influenciadores" na internet têm o hábito de fazer.

A atitude de Hiroyuki parece ser característica da cultura de internet no Japão, na qual parece reinar um espírito de anonimato e um *éthos* de "não se trata de mim". A maioria significativa das contas do X no Japão são anônimas, talvez porque muitas pessoas considerem que podem expressar suas opiniões de modo mais livre assim. Ainda que essa predominância do anonimato tenha lados negativos e problemas no que diz respeito à promoção do discurso público, o *éthos* "não se trata de mim" ajudou a gerar muitos memes interessantes na internet, incluindo o emoji, que hoje é um aspecto da cultura on-line que já não podemos imaginar nunca ter existido. Os emojis não teriam surgido se não fosse pela propensão geral dos japoneses a se "esconder" atrás de memes, em vez de sair do conforto do anonimato para se expressar. O emoji é o resultado de um *nagomi* entre o ímpeto de se expressar e a necessidade de permanecer anônimo. O mesmo vale para o mundo do anime. Por muitos anos no passado, a maioria dos dubladores (*seiyu*) no Japão, cujas vozes apareciam em animes, permaneceu anônima, a não ser para os entusiastas mais ávidos e curiosos. Sem dúvida, alguns dubladores que aparecem em grandes animes têm o nome e o rosto conhecidos, mas em geral pode-se dizer que o mundo do anime japonês permaneceu incrivelmente anônimo, com muitos *seiyu* reconhecidos apenas pela voz, e não pelos nomes ou rostos. Esse é um bom exemplo da abordagem japonesa da individualidade: ter um *nagomi* com o anonimato ao expressar, de outro modo, a individualidade da pessoa em plena floração.

O fenômeno mais recente no Japão é o "vocalo-P", ou produtores de vocaloid. O vocaloid é um sintetizador de voz cantada lançado pela Yamaha em 2004 que recentemente se tornou uma plataforma para jovens compositores lançarem suas músicas. Levas de vocalo-Ps tiveram êxito divulgando suas músicas, cantadas pela inteligência artificial vocaloid, e uma maioria significativa de vocalo-Ps continuou anônima, sem nunca ter divulgado seus nomes ou fotos. Alguns desses vídeos contam com milhões de visualizações, e seus criadores estão ganhando muito dinheiro. De fato, pode-se dizer que o anonimato é uma das tendências mais marcantes da indústria criativa japonesa hoje.

No Japão, o anonimato sempre foi uma parcela importante da construção do eu no contexto social. Na tradição da poesia *waka* japonesa, é bem aceitável e muitas vezes até requintado enviar e apresentar uma obra como *yomihitoshirazu* (literalmente, "autor desconhecido"). Às vezes, imperadores e outros nobres escreviam um poema *waka* e assinavam como "autor desconhecido", por causa da sensibilidade do assunto ou das situações sociais particulares envolvidas. Muitos deles são poemas de amor, envolvendo emoções fervorosas e uma imaginação selvagem. Um poema *yomihitoshirazu waka* do século X deseja que as flores de cerejeira caiam copiosamente, para que a estrada não fique visível, impedindo que um amante vá embora. Um poema *yomihitoshirazu* então costumava encontrar seu lugar em uma prestigiosa antologia de poemas, editada pela corte real e endossada pelo imperador.

Mais consideravelmente, o hino nacional japonês, *Kimigayo* ("Para sempre o seu reinado"), tem uma letra que remonta ao *Kokin Wakashū* (antologia de poemas japoneses passados e atuais), que foi publicado por volta do ano 905 e escrito por um autor desconhecido (*yomihitoshirazu*). No Japão, o anonimato sempre foi uma atitude socialmente aceita. É uma maneira respeitável de se expressar, claramente até o ponto em que um poema de um autor desconhecido pode virar a letra do hino nacional.

Esta é a letra na íntegra (é um dos hinos nacionais mais curtos do mundo):

Kimigayo wa
Chiyo ni yachiyo ni
Sazare-ishi no
Iwao to narite
Koke no musu made

O reino de nosso Senhor
Durará oito mil gerações
Até que as pedras
Se transformem em rochas
E se cubram de musgo

A tradução para o inglês é do britânico Basil Chamberlain, acadêmico de estudos japoneses. A cultura do anonimato é profunda na Terra do Sol Nascente, e o *éthos* do anonimato como expressão da existência individual tem uma repercussão profunda na cultura japonesa do *nagomi*. O anonimato é um belo exemplo do *nagomi* do eu na sociedade, segundo o qual os frutos da criatividade não estão associados necessariamente a identidades individuais.

O anonimato também é o fio que amarra o mundo dos deuses. No Japão, a crença é de que existem 8 milhões de deuses (*yaoyorozu no kami*); "8 milhões" é um número metafórico que representa o infinito. Assim, um deus ou uma deusa alcança um status quase anônimo na teologia japonesa não porque Ele ou Ela seja insignificante, mas porque um deus ou deusa, por mais importante que seja, é apenas uma gota no vasto oceano de deuses supostamente reinando sobre esta Terra. Portanto, os deuses no Japão assumem um status quase anônimo na mente de um japonês típico. Um templo xintoísta em Tóquio ou em outro lugar pode declarar que está reverenciando tal deus ou deusa específico, mas, do ponto de vista do xintoísmo tradicional, o nome específico da divindade lá reverenciada não precisa ser crucialmente importante quando as pessoas prestam tributo no templo. É como se o venerador estivesse se curvando diante de um conceito coletivo de deuses, ou de fato um *nagomi* dos 8 milhões (infinitos) de deuses. No Japão, possivelmente por razões culturais únicas, criadores de cultura como mangá, anime, jogos e música costumam ser chamados de deuses, mas essa denominação não invoca conotações teológicas sérias. Existe um contínuo claro de mentalidade na qual o reino dos deuses está muito vinculado ao mundo dos criadores, no qual uma importante linha unificadora é o anonimato.

A relativa falta de importância do individual na vida social, sobretudo no processo criativo, é um aspecto interessante e singular da cultura japonesa. Você pode pensar que desconsiderar o papel de cada um pode levar à diminuição da qualidade das obras produzidas, mas bem o contrário é o que parece acontecer. Quando não está tolhida pela importância do eu, a pessoa se liberta de suas muitas e diversas limitações, maximizando assim o exercício do poder criativo. Algumas pessoas criticam a prática do anonimato no Japão; de fato, o 2chan foi fortemente criticado e até objeto de vários processos na justiça. Só que, mesmo tirando isso, o que alguns descrevem como "incubadora do mal social" fez brotar algumas flores maravilhosas de criatividade, essencialmente por meio do poder do anonimato.

Alguns podem preferir uma maneira na qual a pessoa expressa sua identidade única livremente e fica com todo o crédito por isso. Outros podem dizer que ser anônimo é um jeito de viver de segunda, comparado a um caminho para a cultura de celebridade mais glamorosa, que é mais comum no Ocidente. Pode ser. Mas a maneira como os vocalo-Ps, os dubladores e a pessoa anônima que escreveu o hino nacional do Japão encontraram um *nagomi* entre o eu e a sociedade, através do abrigo do anonimato, se necessário, deve ser uma inspiração para pelo menos alguns de nós. Isso torna o espectro das possíveis dinâmicas de estabelecimento do eu na sociedade muito mais amplo.

Ainda mais importante, se você for introvertido, ao aplicar essas técnicas do *nagomi* social, pode conseguir grande êxito, continuando ainda reservado, seguindo distante e afastado como a Lua no céu.

O *nagomi* do eu permite a expressão de sua identidade única no contexto da sociedade. Numa sociedade que costuma ser dominada por influenciadores e câmaras de eco, o *nagomi* do eu abre uma maneira sustentável e criativa de permitir que o eu fique ligado firmemente à sociedade em geral, enquanto mantém uma distância saudável.

4

Nagomi dos relacionamentos

É seguro dizer que as emoções desempenham papéis importantes na vida e nos relacionamentos. Sem emoções, seria difícil se comunicar efetivamente com as pessoas; mas soltar as emoções de modo desenfreado pode levar a conflitos, tanto grandes quanto pequenos. Para chegar ao *nagomi* nos relacionamentos, é importante estar em equilíbrio emocional, e, nesse aspecto, os japoneses têm um conjunto único de dicas.

O *éthos* do *nagomi* no âmbito dos relacionamentos é que a coisa mais importante é manter a harmonia, ainda que isso disfarce diferenças de opinião sob a superfície. O *nagomi* é a ideia de que seria melhor evitar confronto decisivo a qualquer preço. Você pode ter uma conversa enérgica e até discordar, mas nunca deve romper os vínculos. Não faz sentido ser egoísta e criar rixas. Isso pode parecer um anátema para a adoração que o Ocidente tem por discussões e debates acalorados, mas, no contexto do cenário político polarizado atual, existe algo a ser dito sobre a velha arte japonesa da harmonia, o *nagomi*.

A ideia de que o relacionamento em si é o mais importante está no cerne do *nagomi*. Todas as pessoas têm valor e são essenciais, mas cada uma é definida acima de tudo por seus relacionamentos; e desentendimentos e diferenças de opinião podem ser negociados, ou mesmo ignorados, para manter esse relacionamento. Esse princípio é mais útil quando se trata de relacionamentos que não escolhemos, como familiares e, até certo ponto, de trabalho.

A abordagem japonesa para manter o *nagomi* em relacionamentos pode parecer, a princípio, junto com a discrição que se percebe do caráter japonês, ser a antítese da liberdade de expressão e do desenvolvimento da individualidade. Só que é realmente possível ter liberdade tanto para a autoexpressão quanto para o *nagomi*. Para entender a própria maneira tão criativa por meio da qual os japoneses chegam a essa combinação de um *nagomi* das relações entre o eu, os outros e o entorno, consideremos a arte da jardinagem.

Na tradição de jardinagem japonesa, o *shakkei* (cenário emprestado) é um modo de estabelecer o *nagomi* entre o que você planejou de sua própria criação e o mundo como um todo. Ao aplicar o *shakkei*, você chega a um equilíbrio entre o jardim criado por você e o que já estava lá antes. Você não pode mudar a paisagem natural, como rios e montanhas, e é por isso que muitos jardins famosos são feitos com base no princípio do *shakkei*. O jardim Genkyuen, na cidade de Hikone, por exemplo, "pega emprestadas" as vistas do vizinho castelo de Hikone, uma obra-prima do período dos samurais designada como Tesouro Nacional.

Em Quioto, a Vila Imperial de Katsura é famosa por seu princípio do *shakkei*. Se você tiver a sorte de visitar Katsura, vai ficar encantado com a pura beleza e elegância de suas construções e paisagens, que incorporam os arredores de maneiras engenhosas.

Creio que o jardim *shakkei* mais espetacular do Japão seja a casa e os jardins Sengan-en em Kagoshima, no sul do país, onde a modernização do Japão teve início. Um local reconhecido como Patrimônio Mundial da Unesco, Sengan-en abarca toda a baía de Kinko-wan e a ilha de Sakurajima, que possui um vulcão ativo, como *shakkei*. Quando você caminha pelos jardins Sengan-en, é como se as amplas vistas da montanha e do oceano fossem partes integrantes da paisagem do jardim. As árvores, pedras e águas nos jardins são projetadas de modo a ficar com os melhores visuais quando vistas diante do pano de fundo do mundo que existe lá fora. Essa é uma grande proeza de criatividade e *nagomi*, e até hoje inspira pessoas no Japão e no restante do mundo.

Em um jardim japonês, o ideal é atingir um *nagomi* entre o artificial e o natural de modo que haja uma continuidade do que se constrói intencionalmente e do que já estava lá desde o início. Essa filosofia se estende ao modo como no Japão tentamos conduzir e cultivar os relacionamentos.

Você não deve procurar mudar as pessoas ao seu redor. Deve deixá-las em paz e se concentrar em se tornar, você mesmo, um indivíduo único. Por meio do *shakkei*, você pode até virar uma pessoa melhor quando estiver com os outros. De fato, a individualidade singular de uma pessoa muitas vezes pode brilhar mais quando ela está ao lado de outras pessoas. É por essa razão que os casais dizem que o parceiro é a sua "cara-metade". Curiosamente, parece que uma pessoa expressa melhor a própria identidade singular de maneira criativa quando se alcança o *nagomi* do relacionamento.

Em japonês, *"en"* pode ser, grosso modo, traduzido como "relacionamento" e também pode se referir especificamente a "destino", "sorte" ou "acaso". Estar em *en* quer dizer que seu relacionamento com alguém reflete toda a rede de conexões que existe no mundo. Quando um relacionamento tem êxito, seu sucesso costuma ser atribuído a um *en*, e não a méritos ou esforços individuais. O *en* é um conceito crucial no entendimento de como chegar ao *nagomi* nos relacionamentos.

A importância do *nagomi* dos relacionamentos fica particularmente clara em situações de conflito. Considera-se muito importante manter o *en* vivo, apesar das diferenças inevitáveis de opiniões e valores e continuar fazendo um *nagomi* sustentável dos relacionamentos.

No Japão, existe todo um gênero de arte dedicado à ideia de manter o *nagomi* nos relacionamentos. A arte tradicional do *rakugo* é um exemplo maravilhoso de aplicação do espírito do *nagomi*, sobretudo em situações conflituosas. De fato, a risada no *rakugo* é talvez o mais próximo que você pode chegar do caminho do *nagomi* na comédia, pelo menos no âmbito da tradição japonesa. A risada é um bom método para manter o *nagomi* dos relacionamentos, já que ela melhora a capacidade de se enxergar de fora.

No *rakugo*, um único narrador assume o papel de diferentes personagens, com frequência em histórias que envolvem conflitos. Por exemplo, um único artista de *rakugo* faria o papel da esposa e do marido em um diálogo doméstico acalorado. Em uma famosa peça de *rakugo* conhecida como *Shibahama* (*Praia de Shiba*), há uma série de conversas exaltadas entre um peixeiro e sua esposa que vivem na Tóquio da era pré-moderna. É um estilo de *rakugo* chamado Ninjo Banashi (Fábulas Profundas), que são histórias cômicas, mas, no fim das contas, bastante comoventes.

A seguir está minha própria tradução, com base no que me lembro de ouvir de *Shibahama* inúmeras vezes desde a infância. Dependendo do artista de *rakugo*, os detalhes da história e as representações dos personagens podem variar. Portanto, o que você vai ler é uma releitura genérica construída a partir da minha memória. É uma obra-prima do *rakugo*, bem como um belo exemplo do *nagomi* do relacionamento.

É assim que acontece. O protagonista, Kumagoro, era um peixeiro habilidoso e tinha muitos clientes fiéis e apreciadores que gostavam dos peixes de boa qualidade que ele levava até suas portas. Só que ele desenvolve um gosto por saquê (dada a qualidade excelente do saquê japonês, quem não desenvolveria?) e bebe um tanto demais. Os peixeiros precisam ir ao mercado bem cedo de manhã para comprar peixes e prepará-los para os clientes, mas, por causa da quantidade que bebia, Kumagoro não consegue acordar cedo e chega tarde ao mercado, quando os peixes de melhor qualidade já acabaram. Os clientes de Kumagoro, sendo entendedores e com um belo senso do que é bom, percebem isso e vão parando de comprar seus peixes. Kumagoro, é claro, entende, mas por orgulho finge não ligar. Assim tem início um círculo vicioso: Kumagoro bebe cada vez mais, até que não consegue mais acordar cedo e para de vez de ir ao mercado de peixes.

65

Certa manhã, após Kumagoro ter bebido muito saquê na noite anterior, sua esposa o acorda e diz que está na hora de ir ao mercado de peixes. Pressionado pela esposa insistente, Kumagoro chega ao mercado antes do amanhecer e vai à beira-mar para refrescar as ideias. Quando o sol nasce, ele repara em alguma coisa na praia e, ao apanhá-la, se dá conta de que é uma carteira. Ele leva a carteira para casa e, quando a abre, vê que há 50 ryo em moedas de ouro (mais ou menos o equivalente a 50 mil dólares hoje). Exultante, Kumagoro se lança em uma farra de gastos. Como é um sujeito fundamentalmente bondoso, Kumagoro pede garrafas de saquê com *tsumami* caros, como sashimi e sushi, convida os amigos e dá início a um grande banquete. Depois de muita comida, bebida e divertimento, Kumagoro, mais uma vez embriagado, vai dormir.

Quando Kumagoro acorda, sua esposa o insta a ir ao mercado de peixes começar o trabalho do dia. Kumagoro ri e diz que não precisa mais trabalhar, já que deu sorte com a carteira. A esposa balança a cabeça e fala que não sabe do que Kumagoro está falando. "Ele deve estar sonhando", diz ela. Não havia carteira, e no dia anterior ele tivera o arroubo de gastos sem ter como pagar e agora está endividado. Kumagoro não consegue acreditar no que ouve. Ele tem certeza de que achou a carteira, mas, à medida que conversa com a esposa, tem cada vez menos certeza, percebendo que sua memória está confusa em relação ao que aconteceu. Por fim, Kumagoro admite que pode ter sido um sonho. Ele fica chocado por estar bebendo tanto a ponto de delirar. Kumagoro faz uma promessa de nunca mais beber saquê e segue para o mercado de peixes.

Desse dia em diante, Kumagoro trabalha com empenho. Ele tem olho para peixes de qualidade e as habilidades para prepará-los com perícia, então seus clientes voltam imediatamente. A popularidade de Kumagoro explode e ele ganha muito dinheiro.

Alguns anos depois, Kumagoro e sua esposa celebraram a véspera do Ano-Novo. Eles economizaram tanto dinheiro que tinham agora sua própria loja na rua principal. Desfrutavam de uma vida incrivelmente abastada, impensável pouco tempo antes. A esposa de Kumagoro agradeceu por seu trabalho árduo e disse que havia uma coisa que precisava contar a ele.

"Lembra da carteira que você encontrou no litoral, perto do mercado de peixes?"

"Lembro, mas achei que fosse um sonho."

"Na época, eu disse para você que era um sonho, porque eu temia as consequências. Depois que você foi dormir, fui pedir conselho ao velho sábio da cidade. Ele me disse que era errado ficar com o dinheiro. Que devíamos levá-lo para as autoridades. Eu achei que era a coisa honesta a fazer. Então, quando você acordou, disse que tinha sido um sonho. Você acreditou em mim, como um bom homem, e começou a trabalhar com empenho. Depois de um tempo, já que ninguém tinha reclamado a carteira e o dinheiro, as autoridades os devolveram para nós. Então, a carteira e o dinheiro estão aqui e são oficialmente seus. Sinto muito por ter mentido para você."

Kumagoro ficou surpreso ao saber que o que sua esposa tinha lhe dito na época era mentira e que seu "sonho", na verdade, fora algo que realmente tinha acontecido.

"Você está com raiva de mim?", perguntou a esposa, acanhada. Kumagoro sorriu.

"Não, querida, não estou com raiva. Por causa de sua astúcia e do seu plano, eu recuperei o juízo e voltei a descobrir o valor do trabalho honesto. Se eu tivesse gastado o dinheiro, teria sido descoberto e apanhado pelas autoridades. Teria sido punido. Você me salvou. Agradeço a você por isso."

A esposa de Kumagoro chorou de alegria. Eles estavam tão felizes juntos.

"Quer tomar um pouco de saquê?"

"Mas eu parei de beber."

"Está tudo certo. É véspera do Ano-Novo. Nós merecemos comemorar."

"Mas não tem saquê em casa."

"Deixe comigo. Eu arranjei tudo."

A esposa de Kumagoro trouxe o saquê, que estava na temperatura ideal.

"É mesmo?", sorriu Kumagoro. Exultante, ele leva o copo de saquê ao nariz. "Olá, meu velho amigo, há quanto tempo não te vejo. Seu cheiro é tão bom. Ah, saquê é tão bom, não é?"

Quando Kumagoro está prestes a tomar o primeiro gole, ele para de repente.

"Qual é o problema?", a esposa pergunta.

"Não vou beber."

"Por quê?"

"Pode acabar sendo um sonho de novo."

Com esse remate maravilhoso, o mestre *rakugo* faz uma reverência e sai do palco, depois de executar um dos números mais estimados do *rakugo*.

O modo como uma peça de *rakugo* é escrita e encenada é interessante do ponto de vista do *nagomi*. O formato de um único ator interpretando todos os personagens promove um senso de *nagomi* do relacionamento, já que o ator e os ouvintes devem assumir alternadamente os pontos de vista de agentes muitas vezes discordantes. Em uma peça mais longa com tramas elaboradas, é possível para um artista de *rakugo* interpretar mais de dez personagens diferentes. No caso do *Shibahama*, com um único artista de *rakugo* interpretando o peixeiro Kumagoro e sua esposa, o próprio fato de uma única pessoa poder interpretar as vozes de dois personagens com opiniões antagônicas é um exemplo maravilhoso do espírito do *nagomi*.

Isso representa o modo como na sociedade japonesa tentamos chegar ao *nagomi*, não importa quão antagônicas sejam as opiniões de outras pessoas. Existe algo profundamente comovente na abordagem do *rakugo*, em que a resolução costuma retratar uma posição de harmonia entre os personagens.

O *rakugo* também apresenta um elemento essencial de como os japoneses atingem um *nagomi* dos relacionamentos: o *zatsudan*.

Zatsudan é uma palavra japonesa para descrever "conversa-fiada". "*Zatsu*" se refere à rica diversidade de assuntos em uma conversa, e "*dan*" tem a ver com as narrativas vivazes que são capturadas nas conversas idiossincráticas das pessoas. O *zatsudan* captura as diversas e frequentemente imprevisíveis conversas em que as pessoas se envolvem enquanto tomam chá, jantam ou apenas ficam juntas na rua. O *zatsudan* é o auge do espírito do *nagomi* da conversa e tem um papel importante na comunicação. Na verdade, acredita-se que a arte do *rakugo* tenha evoluído do *zatsudan*; no período Edo, governado pelos samurais no Japão (1600-1868), os artistas teriam oferecido *zatsudan* recreativos diante de ricos patronos mercantes.

O *zatsudan* é espontâneo e criativo, e o *rakugo* é um exemplo maravilhoso dele em ação. Nos auditórios de Tóquio, é comum que o ator ajuste e afine os detalhes do ato de acordo com o público presente naquele dia no lugar. É por isso que existem diversas versões dessas obras-primas clássicas como *Shibahama*. Existe até uma tradição de *Sandaibanashi* ("História de três temas"), em que um artista habilidoso cria uma história de *rakugo* inteiramente inédita no local, com base em três temas diferentes propostos por pessoas aleatórias da plateia. O *shibahama* foi criado pelo lendário mestre de *rakugo* Sanyutei Encho no século XIX, com base nos temas "bêbado", "carteira" e

"*Shibahama*", que foram sugeridos por pessoas da plateia do teatro.

Há algo de sublime e até nobre no conceito de "*zatsu*", o adjetivo da palavra *zatsudan*. A palavra "*zatsu*" pode ser traduzida como "miscelânea", "selvagem" ou "diverso", e é usada em muitos contextos diferentes. Por exemplo, a palavra japonesa para revistas é *zatsushi*, o termo para plantas misturadas é *zatsuso* e um cão ou gato que não é de raça pura é *zatsushu*. "*Zatsu*" representa a amplitude e a intensidade das coisas que encontramos na vida e é, portanto, uma celebração da diversidade.

Por outro lado, o *zatsu* pode às vezes ter conotações negativas. Os japoneses também amam o conceito antitético de pureza, e a palavra "*ma*" se refere ao conceito idealizado de pureza, como em *mashiro* (branco puro), *maatrashii* (puramente novo) e *magokoro* (coração puro). O *nagomi* dos relacionamentos só pode ser alcançado quando você chega com êxito a um equilíbrio entre o *zatsu* (miscelânea) e o *ma* (puro). Na filosofia de vida japonesa, em geral, se considera que precisamos tanto do puro quanto da miscelânea para manter a vida. Como discutimos no capítulo 2, para desfrutar e se beneficiar da comida por meio da prática do *kounaichoumi* (cozinhar na boca), nós precisamos tanto do arroz (que é puro) quanto do *okazu* (que é uma miscelânia) para manter uma vida saudável e vigorosa. Em um *izakaya*, é a combinação de saquê (feito de arroz, portanto, puro) com *tsumami* (uma miscelânea) que torna a experiência gastronômica tão agradável.

O *nagomi* tem tudo a ver com chegar a um equilíbrio em todos os relacionamentos. Isso pode ser particularmente difícil no amor romântico, que pode desestabilizar as mentes mais comedidas.

Existe algo fundamentalmente insustentável no amor romântico. O amor muito romântico de Romeu e Julieta prospera apenas por quatro dias; ninguém sabe como o amor deles teria se desenvolvido se tivesse durado mais. Só podemos esperar que, com mais tempo, eles teriam descoberto o *nagomi* do amor.

Isso é belamente exemplificado em um filme do diretor japonês Yasujiro Ozu, sobre quem vou falar mais detalhadamente no capítulo 6. Um de seus filmes menos conhecidos, *Ochazuke no aji* (*O sabor do chá verde sobre o arroz*), exemplifica o *nagomi* no âmbito do amor romântico. No filme, marido e mulher passam por um tipo de crise de meia-idade; a esposa (interpretada por Michiyo Kogure) acha que seu marido (interpretado por Shin Saburi) é muito enfadonho para ser objeto de seu amor ardente. O aparente impasse no relacionamento doméstico dos dois muda quando a empresa em que o marido trabalha o manda sozinho para o Uruguai. A esposa não acha que essa partida abrupta do marido seja importante o bastante para ir ao aeroporto se despedir. Só que, em sua ausência, ela se dá conta de como ele era importante para ela. Quando ele volta para casa inesperadamente, dizendo que aconteceu um problema com o avião, ela fica exultante. O filme termina com os dois indo para a cozinha fazer juntos uma tigela de *ochazuke* (um prato simples em que se derrama chá verde sobre uma tigela de arroz). Não é uma refeição muito romântica — nada de velas, de taças de champanhe ou de toalha de mesa branca —, mas o amor contido que um sente um pelo outro está claro e torna o filme muito comovente.

Eu me pergunto se um tratamento como esse faria sentido fora do Japão, onde o amor romântico reina. Para um público japonês típico, o final aparentemente banal de *Ochazuke no aji* faria muito sentido, pelo menos na época em que o filme foi lançado (1952), quando os casamentos arranjados, a exata antítese do amor romântico, ainda eram bem comuns na sociedade japonesa. Talvez mesmo hoje o amor japonês seja mais bem simbolizado pelo ato de dividir uma tigela de arroz com chá vertido por cima. Abarcar a evolução de um relacionamento é condizente com o estilo de vida do *nagomi*; não adiantaria procurar ficar no mesmo estado de espírito dos primeiros dias de "amor romântico". A vida trata de mudanças, e é lindo crescer junto com o outro.

5

Nagomi da saúde

Os japoneses têm, de modo geral, a vida mais longeva e saudável do mundo. Desde os tempos antigos, existe a ideia de que há algo especial sobre o Japão que fomenta uma vida longeva e saudável.

Em uma lenda chinesa, o alquimista e explorador Xu Fu foi enviado pelo imperador Qin Shi Huang para o mar do leste, atrás do elixir da vida. Qin Shi Huang foi o primeiro imperador da China unificada, tendo fundado a dinastia Qin. Ainda que Qin Shi Huang fosse muito poderoso, sem paralelo nesta Terra, seu único medo era a inevitabilidade da morte. Qin Shi Huang enviou então o famoso Xu Fu para o lendário monte Penglai, onde o elixir da vida, que daria àquele que o bebesse vida eterna, seria encontrado.

Infelizmente para Qin Shi Huang, Xu Fu nunca retornou de sua viagem ao mar do leste. Reza a lenda que Xu Fu chegou a um lugar chamado monte Penglai e, tendo encontrado um paraíso, optou por morar lá sozinho, em vez de se reportar ao imperador, que esperava ansioso.

Embora ainda não tenha descoberto o elixir da vida para mim mesmo, pode-se dizer que o Japão é um país onde parece haver uma receita secreta para a longevidade. Esse segredo não depende de uma poção mágica, é mais o resultado de uma atitude holística diante da vida; e no centro de tudo isso, você vai encontrar o *nagomi*.

O *nagomi* está no cerne da saúde do povo japonês. É claro, as melhorias das condições de vida e os avanços que a ciência e a tecnologia trouxeram aumentaram a expectativa de vida em muitos países. Além dessas vantagens, está o *nagomi* da saúde, que é a percepção de que o bem-estar depende de muitos elementos diferentes e que atingir um equilíbrio entre esses elementos é crucial para manter uma boa saúde.

Em geral, quando aparece um problema na vida, tendemos a nos concentrar em um único fator, porque é conceitualmente fácil fazer isso. Por exemplo, podemos tomar comprimidos de vitamina D em vez de caminhar ao ar livre, uma atividade que os japoneses chamam de *shinrin-yoku* (banho de floresta), e desfrutar da luz natural, ainda que a última atitude funcione de um jeito melhor e mais sustentável.

Já mencionei a diferença entre as metáforas da bala de prata e do tapete mágico, e o *nagomi* da saúde deve ser baseado na do tapete mágico, e não na da bala de prata. Equilibrar diferentes fatores na vida é um princípio básico do *nagomi* da saúde. Outro elemento importante é enfrentar seus próprios desejos. Escrevi sobre o *ikigai* no meu último livro, e esse conceito está estreitamente ligado ao *nagomi* da saúde.

Em termos práticos, existem muitos aspectos diferentes do *ikigai*. Até coisas pequenas como, por exemplo, levar o cachorro para passear ou fazer uma xícara de chá de manhã podem ser o seu *ikigai*. Num nível mais conceitual, a essência do *ikigai* é a flexibilidade e a inclusão quanto às pessoas ao seu redor e dentro de si mesmo.

Para estimar e aplicar o *ikigai* em sua vida, é essencial entender o que o *ikigai* não é. Ele não é uma ideologia com uma lista específica do que se deve ou não fazer. Existe um diagrama de Venn do *ikigai*, que circula amplamente, com quatro círculos sobrepostos que representam "aquilo que você ama", "aquilo de que o mundo precisa", "aquilo pelo que você pode ser pago" e "aquilo em que você é bom". O diagrama afirma que a interseção entre "aquilo que você ama" e "aquilo de que o mundo precisa" é a missão; entre "aquilo de que o mundo precisa" e "aquilo pelo que você pode ser pago" é a vocação; entre "aquilo pelo que você pode ser pago" e "aquilo em que você é bom" é a profissão; e entre "aquilo em que você é bom" e "aquilo que você ama" é a paixão.

Há ambiguidades e diferenças de opinião quanto à origem desse diagrama, mas sem dúvida ele não é japonês. Encarado de uma perspectiva japonesa, existe algo contraintuitivo sobre como o *ikigai* é representado nesse diagrama. Muito estreito e restrito. O *ikigai* é definido como algo que satisfaz a todos os quatro requisitos, o que é uma condição bastante rigorosa. Seria realmente bom possuir todos esses valores, mas isso é bom demais para ser verdade. Não é necessário dizer que, se você pode ter um *ikigai* que satisfaça a todas essas condições, então ótimo; mas se empenhar para cumprir todos esses requisitos pode virar uma obsessão e privá-lo da liberdade de viver uma vida flexível e de ter um *ikigai*, para começo de conversa.

Na verdade, o *ikigai* não tem nada a ver com um diagrama de Venn; ele é mais flexível e tolerante do que isso. Você pode adorar mexer com música, mas pode não ser nada bom fazendo isso. Não há problema algum, e você ainda pode fazer disso o seu *ikigai*. Você pode ter como hobby não remunerado desenhar por prazer, e isso na verdade é ótimo, desde que se divirta. Você pode querer estudar alguma coisa mesmo que o mundo não precise dela, e isso ainda assim seria o seu *ikigai* perfeito. Você com certeza precisa amar alguma coisa para ter um *ikigai*. Todos os outros aspectos são detalhes não essenciais.

O psicólogo húngaro Mihaly Csikszentmihalyi estuda o *flow*, um estado de espírito no qual você está absorvido em alguma coisa. Quando você está no *flow*, apresenta seu máximo desempenho, aproveitando ao extremo o que está fazendo. Você esquece a passagem do tempo e fica indiferente a si mesmo. Quando está no *flow*, você se torna único com o que está fazendo. Ser único com o que está fazendo é um elemento essencial do *ikigai* e do *nagomi* da saúde.

Falando de forma mais prática, nossa dieta é um dos aspectos mais importantes da vida baseada no *nagomi*. Uma coisa que observamos ao andar pelas ruas de Tóquio é que há menos pessoas com sobrepeso do que se pode encontrar em outros países — a menos, é claro, que você vá para a área de Ryogoku, na zona leste de Tóquio, onde estão localizados muitos ginásios de praticantes de sumô. Os lutadores de sumô engordam para fins profissionais, e o

modo tradicional de preparo de alimentos para os lutadores de sumô — conhecido como *chanko* — permite que eles ganhem peso mantendo boa saúde. O modo de cozinhar do *chanko*, focado em uma sopa saborosa feita de legumes, peixe e carne, e temperado com soja ou missô, é uma das delícias não celebradas da cozinha japonesa. A agilidade surpreendente dos lutadores de sumô acima do peso é um testemunho da excelência do modo japonês de cozinhar e se alimentar.

Além dos lutadores de sumô, no Japão há um *éthos* mais geral de que não se deve comer ou beber em excesso. Os japoneses têm um conceito chamado *harahachibu*, que significa literalmente "80% do estômago". É a ideia de que você deve parar de comer antes de ficar de fato satisfeito; ou seja, quando você ainda está apenas 80% satisfeito. Essa é uma estratégia sensata para evitar comer demais, pois há uma defasagem entre a hora em que a comida entra pela boca até chegar ao estômago e o intestino, e por fim circular pelo sangue, para dar a sensação de que você comeu o bastante. Comer com o *éthos* do *harahachibu* é, em suma, estabelecer o *nagomi* com o apetite, e esse pode ser um dos hábitos de saúde mais efetivos que você desenvolverá na vida.

Um exemplo de fato maravilhoso do *harahachibu* pode ser aprendido com os sacerdotes *zen*. O templo Eiheiji, na província de Fukui, na região de Chūbu de Honshū, é um dos lugares mais veneráveis do Japão para se formar como sacerdote budista. Há um tempo, tive uma série de conversas muito interessantes com Jikisai Minami, um sacerdote *zen* que conduziu noviços lá por mais de dez anos. Ele me contou sobre a dieta rudimentar de que um discípulo desfruta (ou que suporta, dependendo do seu ponto de vista) no templo. Ela se baseia no sistema de *ichiju issai*, que significa literalmente "uma sopa, um *okazu* (acompanhamento)", mais arroz. Ainda que as porções sejam pequenas e os ingredientes, limitados, essas refeições são o auge da sabedoria acumulada ao longo de muitos séculos, passada sobretudo por meio de costumes não escritos, e elas sustentam a mente e o corpo de jovens sacerdotes que têm horários de treinamento exigentes (em geral acordando às três da manhã no verão e às quatro da manhã no inverno para meditar enquanto o sol nasce).

A alimentação é considerada uma parte importante e essencial da formação budista. De fato, o consumo de alimentos é uma forma de meditação para esses jovens sacerdotes. Eles comem em silêncio, agradecendo o alimento que estão recebendo. Os sacerdotes comem tudo, sem deixar traços de comida para trás, de modo que, quando terminam, a louça está tão limpa que pode ser guardada desse jeito, envolta em um pano e usada de novo na refeição seguinte.

Depois de se formar na Universidade de Waseda, em Tóquio, Jikisai Minami viveu mais de dez anos no templo Eiheiji, período em que passou de um intelectual em uma das mais prestigiadas universidades do Japão a um sacerdote budista praticante. Jikisai me disse que essas refeições tradicionais são tão equilibradas no que diz respeito a nutrientes e porções que, quando os jovens sacerdotes chegam ao templo para dar início ao treinamento, estão muito saudáveis. A pele deles fica jovial e brilhante e seus corpos, esguios e ágeis. De fato, os sacerdotes Eiheiji têm um ar de elegância condizente com os modelos de uma passarela num desfile de moda em Paris. Jikisai me disse que, quando começou sua formação em Eiheiji, ficou mais popular entre as mulheres (sim, no Japão moderno, os sacerdotes budistas podem se casar).

Só que nem todos conseguem se adaptar a essa abordagem muito exigente da alimentação e da vida no templo *zen*. Uma vez, quando fui visitar o templo Eiheiji de táxi, o motorista me disse que às vezes ele levava os jovens sacerdotes de volta à estação mais próxima. Eram os que não aguentavam mais e estavam fugindo do templo, retornando para um mundo onde podiam comer o que quisessem e quanto quisessem. "É simplesmente humano", me disse o taxista, rindo de modo agradável.

É verdade que nem todos podemos ser sacerdotes *zen*, mas nós que ainda estamos no mundo secular devemos procurar prestar atenção à nossa dieta e torná-la balanceada. O *nagomi* da saúde quer dizer que é importante comer de forma variada. De fato, é interessante observar que até um japonês típico que não está particularmente preocupado com a saúde ainda assim tenta ter uma dieta equilibrada; hoje em dia, no Japão, há uma consciência cada vez maior da necessidade de comer uma grande variedade de alimentos, de conhecer os ingredientes, nutrientes e métodos de cozimento envolvidos, assim como o impacto ambiental da produção dos alimentos. A palavra *shokuiku* (educação alimentar) está se tornando popular entre os japoneses.

O doutor Teiji Nakamura, médico de fala branda que dedicou a carreira à nutrição como um campo da medicina preventiva, festeja a sofisticação da dieta japonesa e acredita que ela pode servir de modelo para pessoas do mundo todo que desejam melhorar sua dieta. Ele tem promovido com entusiasmo a melhoria da nutrição entre as pessoas em geral, para manter uma boa saúde. Graças ao doutor Nakamura e a outros como ele, os cardápios de merenda escolar fornecidos nas escolas primárias japonesas são modelos de como chegar a um *nagomi* na dieta.

Outro benefício da dieta japonesa é seu foco em cultivar microbiomas intestinais de qualidade. Comidas fermentadas, como missô e shoyu, têm um papel significativo na cozinha japonesa. Originalmente, a técnica de fermentação foi desenvolvida como forma de preservar alimentos e bebidas antes da invenção da tecnologia da refrigeração, e agora ela é conhecida por produzir alimentos muito bons para nossa saúde digestiva e imunidade. O processo de fermentação produz micro-organismos como bactérias, leveduras e fungos que transformam o açúcar e o amido dos alimentos em álcoois ou ácidos que funcionam como

conservantes naturais. De fato, na maioria dos lares japoneses, não há um dia sem consumir missô e shoyu, e o fato de o Ocidente estar adotando alimentos fermentados como kombucha, kimchi e kefir é uma boa notícia.

    O consumo de comidas e bebidas que passaram por fermentação traz benefícios à saúde que vão além da conservação dos alimentos. A transformação de açúcares e amidos intensifica as bactérias benéficas naturais dos alimentos. Acredita-se que essas bactérias, chamadas de probióticos ou bactérias "boas", sejam benéficas para uma infinidade de problemas de saúde, sobretudo da saúde digestiva.

A alimentação é uma parte significativa do *nagomi* da saúde, assim como ser ativo. As atividades físicas que os monges budistas praticam são vastas. Varrer os jardins e limpar o chão do templo são elementos básicos da formação. Em

casos extremos, alguns poucos monges de prestígio participavam de "maratonas" noturnas nas montanhas, por até mil dias, num esforço para alcançar a iluminação. Do ponto de vista moderno, essas atividades poderiam ser encaradas como esportes e jogos na tradição budista, fomentando o *nagomi* da saúde, que acabaria por levar à iluminação.

Assim como jeitos óbvios e formais de se manter em forma e com saúde, como esportes e jogos discutidos anteriormente, o *shinrin-yoku*, ou banho de floresta, pode ser considerado um dos ápices do *nagomi* da saúde.

O conceito e a prática do *shinrin-yoku* estão se tornando cada vez mais populares no mundo todo, e é interessante ver como ele surgiu, para começo de conversa. *Shinrin-yoku* é um termo relativamente novo, cunhado em 1982 por Tomohide Akiyama, chefe do Ministério Florestal na época. *Shinrin* quer dizer "floresta", e *yoku* é uma palavra japonesa genérica usada para descrever "banho". Além de ser usado para tratar do banho em uma fonte termal *onsen* (*onsenyoku*) ou no mar (*kaisuiyoku*), existe o *nikkoyoku* (banho de sol) e o *getsukoyoku* (banho de lua). Akiyama é originalmente da prefeitura de Nagano. Nagano, que sediou as Olimpíadas de Inverno de 1998, fica no centro do Japão e é famosa por suas belas cadeias de montanhas e florestas fechadas e intocadas. Akiyama deve ter tido uma experiência próxima com as bênçãos da floresta em sua infância e juventude.

O mergulho no ambiente florestal não é exclusividade do Japão. O que é singular no conceito japonês de *shinrin-yoku* é a ideia de que você se banha da atmosfera da floresta. O ideal japonês de banho é estabelecer o *nagomi* com o meio em que você está, seja ele uma *onsen*, o mar ou uma floresta. Se você estiver tomando banho em uma fonte termal *onsen*, vai procurar estabelecer o *nagomi* com a água quente e rica em minerais, deixando o calor ativar diversas reações fisiológicas em seu corpo, além de absorver os minerais pela pele. Se estiver tomando um banho de floresta, vai tentar estabelecer o *nagomi* com o que o cerca, mergulhando por meio dos cinco sentidos no farfalhar das folhas, no canto dos pássaros e no sopro do vento. A beleza do *nagomi* que se alcança através do banho está no fato de você poder se deixar levar e permitir que o seu corpo e os processos inconscientes façam todo o trabalho necessário para chegar ao *nagomi*.

A essência do conceito de *yoku* é ser único com alguma coisa. O *yoku* pode se referir a um mergulho em qualquer ambiente. Se você conseguir ser único com o ambiente, isso seria *yoku*. O conceito de banhar-se, ou tornar-se único com o ambiente, chegando assim ao *nagomi* consigo mesmo e com os arredores, é uma parte muito importante dos valores

e do *éthos* japoneses, talvez na própria base de tudo aquilo que é importante na cultura japonesa.

O fato de o conceito de *shinrin-yoku* ter sido originalmente proposto pelo chefe do Ministério Florestal sugere que Akiyama muito provavelmente estava atrás de outras formas que não a extração de madeira para amparar e justificar a existência das florestas do Japão. Para manter a floresta bela e próspera, a intervenção humana é necessária. A floresta necessita de cuidados e preservação humanos constantes. Numa época em que precisamos cada vez mais buscar um equilíbrio entre as atividades humanas e a preservação do meio ambiente, a direção para que o *shinrin-yoku* aponta é importante e inspiradora.

É indispensável cuidar bem do corpo e da mente se você quiser alcançar o *nagomi* da saúde. Nenhum fator isolado é suficiente para nos respaldar na complexidade da vida. Exercício e descanso, trabalho e lazer, desafio e conforto, êxito e fracasso levam a uma vida equilibrada e harmoniosa. No modo como abordamos nossa saúde, tendemos a nos concentrar em um elemento, e não em um todo mais complexo; talvez devêssemos evitar simplificar demais as explicações para uma boa saúde. Declarações como:

"Eu corro todos os dias e é por isso que sou tão saudável."
"Eu como um iogurte de manhã e é isso que me mantém jovem."
"Eu sorrio sempre que conheço alguém e isso me deixa feliz."

podem soar bastante razoáveis, mas é provável que sejam representações errôneas do que de fato está acontecendo no que diz respeito ao *nagomi* da saúde. Esses podem ser bons hábitos, mas o *nagomi* abrange todo um espectro de elementos que contribuem para o nosso bem-estar.

Você não precisa seguir uma formação para ser um monge budista, mas pode comer conscientemente, prestando atenção em como está ficando satisfeito, sentindo gratidão para com a comida que recebeu, e aproveitando alimentos frescos, sazonais, saborosos e nutritivos. Procurar manter seu quarto limpo e organizado pode ser um ótimo exercício do *nagomi*, já que exige todo o seu espectro de atenção e de execução num bom equilíbrio. Passar tempo ao ar livre e desfrutar de verdade — banhando-se — da atmosfera é importante; se você estiver de fato tomando um banho de floresta ou apreciando a atmosfera de qualquer lugar que escolher.

Ao praticar tudo isso junto e estar consciente do fato de que não existe uma única bala de prata que irá servir de resposta, você vai estar no caminho certo para atingir o *nagomi* da saúde.

6

Nagomi do aprendizado por toda a vida

Ao longo de sua história, o Japão nunca foi um país de profusão. Ainda hoje, mesmo que o país seja muito rico no que diz respeito à tecnologia avançada moderna, ele tem uma provisão bastante escassa de recursos naturais, como petróleo, gás e metais raros. Talvez os únicos recursos naturais abundantes sejam a água doce e uma superabundância de água do mar.

É possível que essa seja a razão por que os japoneses sempre estiveram perfeitamente conscientes de que precisavam contar com o cérebro para ganhar a vida. Aliás, desde a minha infância, eu sempre ouço dos meus pais e de outros adultos o ditado que diz que "o cérebro é o único recurso abundante no Japão".

Conhecimento e sabedoria são as reservas naturais do século XXI. De certo modo, as experiências das outras pessoas são uma vasta reserva de "petróleo", que pode ser explorada por qualquer um a qualquer momento. Só que, para muitos de nós, grande parte da nossa educação é comprimida na primeira porção de nossas vidas, e com muita frequência o sistema de educação formal faz com que o aprendizado se assemelhe a um trabalho, e a formatura do ensino médio ou do ensino superior pareça um escape da necessidade de estudar. Só que a vida é longa, e nossa capacidade de aprender e de crescer segue em frente ao longo dela.

O aprendizado por toda a vida é essencial para atingir o *nagomi*, não importa quantos anos você tenha. Quando somos jovens, temos sempre que ouvir os mais velhos, pois podemos tirar vantagem de sua experiência. Na verdade, ouvir os mais velhos é um lema que costuma ser enfatizado na cultura japonesa. Só que, ao mesmo tempo, quando somos maduros, temos que ouvir os jovens, pois eles podem nos dizer coisas novas sobre as quais não sabemos nada. Precisamos tanto da sabedoria da idade quanto dos novos insights da juventude para sermos um eu inteiro.

A sabedoria é primordial na cultura japonesa. Yasujiro Ozu, possivelmente o maior diretor de cinema proveniente do Japão até hoje, era um mestre do *nagomi*. Seus filmes *Era uma vez em Tóquio*, *Fim de verão*, *Primavera precoce* e *Uma tarde de outono* representam o *nagomi* entre pessoas, sobretudo em família. Seus filmes são cheios de aceitação de imperfeições da vida e as inevitáveis mudanças suscitadas pelo avançar dela, como o casamento e a morte. Não seria nada inverídico dizer que muitos japoneses consideram se tornar o tipo de personagem que aparece nos filmes de Ozu, tal como o pai compreensivo e que tudo aceita, como a meta máxima de aprendizado por toda a vida. Na cerimônia de encerramento dos Jogos Olímpicos de Tóquio de 2020 — que aconteceu um ano depois do previsto, em 2021, por causa da pandemia do coronavírus —, a música tema de "Era uma vez em Tóquio" foi tocada enquanto a bandeira nacional japonesa era levada para dentro do estádio. A música agridoce combinava com o clima de fim de uma Olimpíada realizada em tempos difíceis. As obras-primas de Ozu representam o mais alto grau de valorização pela preciosidade e a fragilidade do *nagomi* da vida, pois reconhecem a realidade da existência humana a partir de uma perspectiva profunda.

A família de Ozu veio de Matsusaka, uma cidadezinha no oeste do Japão. Ozu passou seus dias de formação quando era criança nessa cidade, e algumas pessoas sugerem que a atmosfera cultural de lá afetou profundamente seus trabalhos. Matsusaka produziu outra figura cultural imensamente importante na história do Japão: Motoori Norinaga (1731-1801), possivelmente o maior estudioso da Japanologia (*kokugaku*, em japonês, literalmente "estudo nacional") do período dos samurais. Yasujiro Ozu é, aliás, parente distante de Motoori Norinaga; Motoori fazia parte da família Ozu, mas abandonou a vida de vendedor e mudou seu nome para Motoori, denominação tradicional por parte de seu pai. É bem fascinante que dois dos maiores luminares da cultura japonesa tenham saído da mesma cidadezinha.

No Japão do século XVIII, época em que Motoori estava na ativa, não havia editoras comerciais. Ele economizou seus salários, trabalhando como médico de crianças, dentro de um broto de bambu e, quando juntou dinheiro suficiente, passou a autopublicar suas obras, incluindo um comentário sobre *O conto de Genji* e sua análise de *Kojiki* *(Registros de fatos antigos)*. Considera-se que as obras de Motoori marcaram uma nova era. Antes dele, ninguém prestara a mesma atenção ao *Kojiki* (redigido em 711-2), ainda que ele fosse um documento valioso sobre a história e a mitologia antigas do Japão (que com frequência se misturavam, como em muitas outras culturas). Motoori fazia tudo pelo simples contentamento de aprender e entender. Ele não era pago por seu trabalho como estudioso da Japanologia; era um trabalho de amor.

Matsusaka era uma cidade cheia de comerciantes ricos que desfrutavam de todos os prazeres que aquele mundo flutuante podia oferecer. Quando esses comerciantes, que tinham presumivelmente esgotado todas as alegrias e opulências mundanas que o dinheiro podia comprar, foram às falas de Motoori, descobriram que aprender sobre *O conto de Genji* e o *Kojiki* era muito mais prazeroso do que bens materiais. É tão magnífico observar como as pessoas podem ser transformadas pelo aprendizado, até mesmo se expostas muito brevemente a uma situação de aprendizado. Em particular, encontrar uma pessoa que possa inspirá-lo, oferecer ideias e diretrizes para objetivos em longo prazo e deixar uma impressão duradoura em você seria um grande legado em sua vida, mesmo que esse encontro não tenha sido demorado.

Posteriormente em sua carreira, Motoori escreveu um breve tratado sobre o processo de aprendizado, *Uiyamabumi* (que quer dizer literalmente "Primeiros passos nas montanhas"), em que equiparou a entrada de uma pessoa no mundo do aprendizado com a jornada inicial para as montanhas do sacerdote budista em formação, na qual ele ou ela buscaria o despertar espiritual. Hoje, a escola de japanologia criada por Motoori continua tendo profunda influência sobre o modo como o povo japonês se enxerga.

Um dos insights mais importantes dessa história é que você pode encontrar o *nagomi* com o aprendizado. Os comerciantes abastados que se reuniam para as falas de Motoori podiam encontrar o *nagomi* com seu diferente modo de vida materialista. Esse é um fenômeno que podemos observar ainda hoje, no mundo todo; muitas pessoas que enriqueceram, por exemplo, no mercado de ações não conseguem se satisfazer apenas com a riqueza e buscam realização na cultura e nas artes. Elas, por exemplo, costumam adquirir obras de arte de valor elevado. Algumas pessoas podem dizer que essa é uma maneira de se vangloriar de sua opulência, mas no fundo elas estão chegando ao *nagomi* com suas vidas por meio do processo de aprendizado facilitado por sua exposição à cultura e às artes, e não pela posse material de obras de arte.

Cerca de 150 anos depois de Motoori, seu parente distante Yasujiro Ozu dirigiria filmes que revelam verdades humanas primordiais. Assistindo às obras-primas tranquilas de Ozu, você vê belos exemplos de aceitação da vida em virtude de um compromisso em longo prazo com o aprendizado. Eles são demonstrações maravilhosas do *nagomi* na confusão do Japão do pós-guerra e nos mostram o grande poder do processo de aprendizado, sobretudo quando aplicado às verdades da vida que nos são caras.

Considerar a maturidade de Ozu como um resultado do *nagomi* do aprendizado por toda a vida é bastante inspirador. Todos nós podemos atingir a sabedoria sozinhos, contanto que acessemos uma das funções mais importantes do cérebro humano: a curiosidade. Sem curiosidade, não podemos fazer coisas novas. É por meio da curiosidade que somos capazes de absorver uma grande quantidade de informações, incorporá-las e obter conhecimento integrado. Precisamos da curiosidade para tornar nosso cérebro intelectual e espiritualmente ávido. No mundo de hoje, o aprendizado como uma forma de satisfazer à curiosidade deve ser considerado um dos direitos humanos básicos. Portanto ela deve ser endossada em cada nível da sociedade, em qualquer idade, em qualquer cultura.

Para aqueles que não aproveitaram a escola, é importante se dar conta de que aprender é uma coisa muito natural para o cérebro. Assim como o coração segue batendo durante a vida, o cérebro segue aprendendo. O aprendizado é o ar que o cérebro humano respira.

No Japão, sempre houve a ideia de que o objetivo do aprendizado não era apenas absorver informação, mas também se tornar uma pessoa melhor. A palavra japonesa *do* (pronuncia-se "doh") carrega a ideia de que, aprendendo, você se torna uma versão nova e melhor de si mesmo. O sufixo "do" é acoplado a muitas disciplinas para expressar esse conceito. Por exemplo, *judo* é literalmente o caminho da flexibilidade, *kendo* é o caminho das espadas katana, *shodo* é o caminho da escrita (caligrafia), *sado* é o caminho do chá, *kado* é o caminho das flores (arranjos) e *kodo* é o caminho das fragrâncias. Quando você aprende judô, a espiritualidade é considerada bastante importante. Você não aprende apenas como derrubar o oponente. No judô, a ênfase está na mentalidade, assim como nos movimentos físicos do seu corpo. Você não fica apenas mais forte, também cresce espiritualmente. É por isso que, quando aprende judô, você tem muito respeito em relação ao *sensei* (professor), que lhe ensinou não apenas as técnicas, mas também toda uma filosofia de vida. Do mesmo modo, os caminhos para estabelecer o *nagomi* na sua vida podem ser uma disciplina em si, eventualmente conhecida como *nagomido* ("o caminho do *nagomi*"), ainda que a palavra não exista em japonês até o momento em que escrevo.

O *sodoku* (leitura simples) é o caminho tradicional para dar início a uma curva de aprendizado sólida que pode seguir pela vida toda de uma pessoa. No *sodoku*, a pessoa lê em voz alta um texto clássico venerável, tipicamente imitando e seguindo a leitura do *sensei*. É importante ter consciência de que você não precisa necessariamente entender o significado das palavras para iniciar o *sodoku*. A ideia central do *sodoku* (não confundir com o sudoku, um quebra-cabeça de lógica envolvendo números) é que aquilo que você lê em voz alta é algo que com certeza irá ser um recurso excelente para o seu aprendizado por toda a vida, mesmo que ele não seja necessariamente acessível por meio da cognição desde o início.

Tradicionalmente, clássicos chineses como *Os analectos*, de Confúcio, e *Registros do historiador*, de Sima Qian, assim como clássicos japoneses como *O conto de Genji*, têm sido usados como material para o *sodoku*. A principal prática do *sodoku* é ler o texto diretamente do original, e não suas interpretações ou anotações. Assim, sua mente é desafiada a estabelecer o *nagomi* com a coisa em si desde o início.

A idade não é importante no *sodoku*. Aprendendo no estilo do *sodoku*, você ignora todo o sistema escolar de notas. Você enfrenta os textos clássicos mais enigmáticos e profundos lendo-os em voz alta, sem necessariamente entender o que significam, a partir da tenra idade de, vamos dizer, cinco anos. Essa abordagem, que estabelece um *nagomi* entre os textos mais profundos e uma mente (muito) nova, talvez seja o segredo mais bem guardado do Japão no que diz respeito ao aprendizado por toda a vida.

Em seu cerne, o *sodoku* é uma ótima maneira de estimular e cultivar a nossa curiosidade. O cérebro é exposto ao admirável mundo novo do aprendizado sem a mediação de qualquer contexto ou explicação, e a curiosidade explode sem limites. A curiosidade instigada pelo *sodoku* é pura e intensa. É um caminho maravilhoso e eficiente de dar início a um processo de aprendizado que pode seguir pelo resto da sua vida.

A abordagem do *sodoku* pode ser adotada em outras culturas além da japonesa. Por que não começar a ler no estilo *sodoku* uma obra-prima da literatura mundial que você sempre fingiu já ter lido, mas da qual na verdade nunca virou sequer uma página, como, bem, *À la recherche du temps perdu* (*Em busca do tempo perdido*), de Marcel Proust, ou *Guerra e Paz*, de Liev Tolstói? De onde quer que você venha, existem obras literárias que podem ser o pontapé inicial em sua própria versão do aprendizado por toda a vida. Você pode ler no estilo *sodoku*, por exemplo, uma peça de Shakespeare ou um romance de Virginia Woolf ou James Joyce. E você pode orientar uma criança de cinco anos a fazer o mesmo. Não importa de fato se a criança não faça a menor ideia do que esteja lendo. É apenas fundamental que a criança tenha uma impressão do que vem pela frente, no grande desafio do aprendizado que irá continuar por toda a sua vida.

No *nagomi* do aprendizado por toda a vida, como o *sodoku* exemplifica, existem alguns princípios práticos norteadores importantes a serem seguidos.

Primeiro, a ênfase está acima de tudo em estabelecer familiaridade com o assunto. Seja uma língua estrangeira, matemática ou técnicas de programação, a abordagem do *nagomi* para o aprendizado enfatizaria a importância do tempo dedicado ao assunto, durante o qual a pessoa se familiariza com o que será aprendido, mesmo que ela não entenda cada um dos detalhes desde o início.

Em segundo lugar, é necessário um ambiente de aprendizado tranquilo. Em parte porque muitas das casas japonesas tendem a ser pequenas e ter espaço limitado, e em parte devido à proximidade geral entre os membros da família, não é incomum que as crianças japonesas estudem e façam os deveres de casa na sala de estar, onde o pai pode estar tomando uma cerveja e assistindo à televisão; a mãe, falando ao telefone; e o irmão, jogando Nintendo. As estatísticas mostram que essas crianças que estudam na sala de estar se saem melhor do que as que estudam no próprio quarto. Essa prática sugere a importância de um ambiente tranquilo para o aprendizado, em harmonia com o espírito do *nagomi*.

Terceiro, no aprendizado, a pessoa vai gradualmente tentando encontrar o *nagomi* com o tema que está estudando em um nível cada vez mais alto. Na verdade, chegar ao *nagomi* da familiaridade com o tema é essencial para a abordagem japonesa do aprendizado, um *éthos* que pode ser encontrado de artesãos a cientistas nas fronteiras de diversos campos.

Você nunca é velho demais para ter curiosidade e experimentar o *sodoku*. Afinal de contas, todos nós sabemos que o aprendizado por toda a vida é indispensável para o bem-estar e para manter o espírito jovem, e que ele é a nossa melhor esperança de alcançar o *nagomi* com os altos e baixos da vida. Aprendendo continuamente, nós podemos encarnar uma sabedoria viva em nós mesmos. Na verdade, a vida é um processo de aprendizado constante, e o *nagomi* é o fruto mais valioso do aprendizado.

7

Nagomi da criatividade

Em 1945, um jovem estudante de medicina estava fazendo uma longa caminhada pela cidade de Osaka, na região oeste do Japão. Naquela época, quase toda a cidade tinha se transformado numa planície queimada por causa dos bombardeios da Força Aérea dos Estados Unidos. O jovem estava com muita fome. Ele se deparou com uma casa que ainda estava de pé e bateu à porta. Ao abrir a porta, os moradores viram um estudante jovem aparentando seriedade em roupas surradas, se curvando repetidamente, como se incitado por alguma coisa. Eles ficaram com pena e deram ao estudante três generosos *onigiri* (bolinhos de arroz), de suas próprias provisões escassas. O jovem estudante comeu como se não encostasse a mão em comida havia muito tempo. Com a força dos *onigiri* e a bondade das pessoas, ele foi andando os dezoito quilômetros desde Osaka até voltar para sua casa na cidade de Takarazuka. Mais tarde, ele ficou sabendo que a casa das pessoas que tão gentilmente tinham lhe oferecido os *onigiri* fora bombardeada alguns dias depois.

Foi durante sua longa caminhada para casa que o jovem estudante de medicina tomou a decisão de se tornar um mangaká. Hoje em dia, os mangakás de sucesso são muito estimados e bem pagos, mas, na época em que o estudante tomou sua decisão, fazer quadrinhos como profissão era praticamente inédito. Ter essa aspiração era como pular no oceano de olhos vendados. Mas, por mais não promissoras que suas perspectivas devam ter parecido, se aquele jovem estudante de medicina não tivesse tomado a decisão de se tornar um artista de mangá, a história dos quadrinhos no Japão poderia ter sido bem diferente da que conhecemos hoje. É uma felicidade para muitos de nós que ele tenha seguido em frente com suas ideias extravagantes.

O nome do jovem estudante de medicina era Osamu Tezuka, e ele se tornou um artista de mangá prolífico, conhecido por obras como *Astro Boy*, *A princesa e o cavaleiro*, *Kimba: O leão branco*, *Black Jack*, *Fênix*, *Buda* e *Recado a Adolf*. Tezuka era tão criativo e teve tanto êxito que ficou conhecido como o Pai do Mangá ou às vezes até como Deus do Mangá.

As obras de Tezuka tiveram enorme impacto sobre o público em geral e inspiraram muitas gerações de mangakás. Mas Tezuka também tinha uma mão próxima e terna para orientar jovens aspirantes a artistas de mangá, que acorriam a ele em busca de ensinamentos, inspiração e mentoria, assim como os mercadores de Matsusaka se reuniam ao redor de Motoori Norinaga atrás de sabedoria para guiá-los através da vida neste mundo flutuante.

Todos nós precisamos de ficção para deixar a vida mais fácil, melhor e mais tolerável. Quanto mais difícil a situação, mais puro e mais profundo o impulso criativo costuma se tornar. Não se sabe por que Tezuka decidiu naquele dia em particular ser artista de mangá, e o que ter visto sua terra natal queimada teve a ver com essa decisão. Mas o impacto emocional no jovem Tezuka parece, sim, ter tido uma influência formativa em seu gênio criativo.

O mangá é aberto a todos para aproveitar e criar. Eu me lembro claramente de escrever mangás (os meus eram sobretudo humorísticos, como os de Fujio Akatsuka) e compará-los com os dos meus amigos, na época em que estava na escola. Não é preciso dizer que eles eram bem ruins. Só que o pressuposto era o de que a arte do mangá poderia ser experimentada por qualquer um, mesmo sem formação profissional.

Essa abordagem democrática da criatividade talvez sempre tenha sido a marca da sociedade japonesa. Não há tal hierarquia de valores, sobretudo quando um campo é jovem e ativo. (No mangá, não há *New York Times*, *New Yorker* ou *Guardian* como guardiões de altos padrões!) No Japão, nunca existiu uma divisão tão marcada entre culturas altas e baixas. Sempre houve um *nagomi* integrado entre os gêneros culturais.

Após o surgimento do Japão moderno, em 1867, com a volta ao governo direto do imperador (que mais tarde passou a ser uma monarquia constitucional), o governo de Tóquio tentou incorporar as consideradas altas culturas do Ocidente. Como parte desse esforço, os japoneses começaram a aprender pintura a óleo, a escrever romances, tocar e desfrutar música clássica e a encenar peças de Shakespeare em japonês. Existia uma tendência, sobretudo entre os poderosos e os mais instruídos, de fazer uma distinção entre culturas altas e baixas, identificando as primeiras com a cultura do Ocidente em geral e também com algumas formas culturais tradicionais do Japão, como o teatro kabuki, o Nô e o de fantoches bunraku. Na perspectiva do governo, as formas culturais elevadas eram particularmente dignas de proteção e promoção, já que o Japão tentava aumentar seu prestígio enquanto nação aos olhos das nações ocidentais. Isso era compreensível no contexto histórico; o Japão estava jogando um jogo de atualização.

A beleza do mangá é que nunca existiu um senso de contracultura entre os principais artistas do formato. Os pais fundadores do mangá moderno, ainda que houvesse menos admiração do público pelo gênero se comparado a hoje, não ligavam muito para a falta de respeito do público. Na verdade, eles não ligavam absolutamente nada. Eles não tinham ressentimento contra quem praticava formas culturais como teatro ou pintura a óleo, e não havia necessidade de se rebelar contra presumíveis opressores. Artistas de mangá como Osamu Tezuka e Fujio Akatsuka só cuidavam de produzir boas obras, e isso era tudo o que importava para eles.

Geralmente, sempre que alguma coisa nova surge na cena cultural japonesa, isso acontece de modo bastante solto. É como se o *nagomi* estivesse integrado às próprias bases da psique japonesa e coisas novas surgissem espontaneamente, como brotos de bambu depois da chuva.

Um exemplo sublime, é claro, é o karaoke, cuja etimologia vem de *"kara"* (vazio) e *"oke"* (uma abreviação em estilo japonês para "orquestra"). Talvez só no Japão as pessoas pensariam que cantores amadores teriam a chance de cantar com músicos pré-gravados.

Como nasci e fui criado no Japão, venho naturalmente de um contexto cultural em que você pode cantar diante de muita gente sem ligar para suas avaliações quanto à qualidade e para o acolhimento que possa receber. O karaoke no Japão é bem diferente da bem-sucedida série de TV norte-americana *Glee*, em que um monte de alunos do último ano do ensino médio apresenta um desempenho quase perfeito cantando e dançando. No Japão, em geral, as pessoas não dão a mínima se você canta bem ou não. A questão é se divertir (cantar bem pode até desmotivar as pessoas). Não há distinção entre superior (profissional) e inferior (amador) e, se houvesse, seria um *continuum*, e não uma divisão marcada. É claro, o karaoke também é muito popular no Ocidente, e é ótimo que pessoas do mundo todo possam entrar num bar de karaoke e se divertir desinibidas com seus amigos.

Tem muita relação com manter sua criança interior viva. Você pode escrever mangás, pode cantar e dançar, exatamente como uma criança despreocupada, sem ligar demais para o que os outros vão pensar a seu respeito. É lamentável que muitas pessoas se esqueçam das simples alegrias das atividades criativas da infância. Elas se tornam profundamente conscientes das possíveis críticas que podem ser dirigidas a seu desempenho. Como consequência, ficam tímidas e se esquivam de exibir sua criatividade. Elas nunca sonhariam em cantar num karaoke. Uma enorme oportunidade desperdiçada, da perspectiva de buscar ao máximo a criatividade. É compreensível, sem dúvida, porque os humanos são animais sociais e o ego deve ser protegido. Tal barreira psicológica pode definitivamente ser superada seguindo o caminho do *nagomi*, o qual ajuda as pessoas a continuar jovens no coração mesmo quando amadurecem, mantendo sua criança interior viva.

O *nagomi* é um aspecto importante da criatividade por muitas razões. O segredo para o *nagomi* da criatividade é a aceitação da juventude e da imaturidade como um valor positivo.

O Japão é, em geral, um país que estima muito os valores de permanecer sendo criança em espírito. Um dos sinais que mostra o grande apreço que os japoneses têm por tudo relacionado a crianças é *"kawaii"*. Essa palavra japonesa, grosso modo equivalente a *"cute"*, em inglês, ou "fofo", em português, é um "curinga" muito poderoso no idioma quando você quer fazer alguém feliz com um elogio. Você pode, claro, dizer que uma criança é *kawaii* ou que um gato é *kawaii*. Esse seria um uso bem convencional da expressão. Só que além disso você pode dizer que um homem de meia-

-idade é *kawaii*, ou até que uma imagem de Buda é *kawaii*. *Kawaii* tem uma aplicação mais universal do que sua contraparte inglesa "*cute*". Na verdade, o possivelmente maior romancista japonês desde a sra. Murasaki, Soseki Natsume (1867-1916), levou a sério sua busca por um estudo aprofundado da condição humana na sociedade moderna — e, ao mesmo tempo, do *kawaii*. Seu primeiro romance, *Eu sou um gato*, é considerado por muitos artisticamente profundo e *kawaii*. O narrador é nada menos do que um gato de rua, que foi adotado na casa de um professor, uma clara referência ao próprio romancista (Natsume foi professor em uma escola secundária e na Universidade de Tóquio antes de virar escritor profissional em tempo integral). A imagem de Natsume como uma pessoa que ama gatos é amplamente compartilhada com o público em geral e ajudou a tornar suas obras acessíveis, quando, se não fosse por isso, poderiam ser consideradas sérias demais para um leitor casual.

A associação do *kawaii* com homens maduros talvez seja um dos segredos mais bem guardados da cultura japonesa; trata-se de um país em que até Arnold Schwarzenegger foi considerado *kawaii*, no auge de sua fama como o cruel personagem do filme *O exterminador do futuro*. Depois de aparecer em comerciais de TV japoneses, Schwarzenegger adquiriu o apelido *kawaii* de "*Schwa-chan*" ("*chan*" é um sufixo onipresente na língua japonesa que se refere a bebês ou crianças pequenas, ou alguém tão fofo quanto).

Em certo sentido, *kawaii* é o jeito singularmente japonês de diluir as fronteiras e estabelecer um *nagomi* entre altas e baixas culturas, entre o masculino e o feminino, entre o poderoso e o impotente, entre o novo e o velho. O *kawaii* é um grande equalizador de pessoas. Quando alguém é considerado *kawaii*, pode-se estabelecer um *nagomi*, independentemente de sexo, idade ou posição social. *Kawaii* pertence ao conjunto de instrumentos cognitivos que se pode empregar para abarcar e incluir de forma abrangente uma grande diversidade de pessoas. Com esse processo, é possível expressar a individualidade única sem necessariamente entrar em conflito com o *status quo*. Esse seria de fato o verdadeiro espírito do *nagomi* da criatividade.

Promover a liberdade sem perturbações na superfície é um dom compartilhado por muitas pessoas no Japão. Em um mundo em que às vezes considera-se que o politicamente correto, a cultura do cancelamento e os jeitos de pensar consciente das injustiças foi indo longe demais (ainda que, nem é preciso dizer, os valores e as causas impulsionados por esses movimentos possam ser e devam ser promovidos), as lições do *nagomi* da criatividade podem fornecer um bocado de ajuda para as transformações necessárias acontecerem sem percalços na sociedade.

Sempre que penso no jeito singularmente japonês de se adaptar às adversidades, dois exemplos surgem em minha mente. Os dois envolvem, em resumo, o controle encoberto de liberdade em oposição à rebelião aberta ou à afirmação da liberdade.

O primeiro é o costume de *uramasari* (literalmente, "forro vencedor"), que floresceu durante o período Edo dos samurais. Naquela época, o xógum no poder costumava declarar um banimento de artefatos de tecido luxuosos, como modo de conter uma economia otimista demais ou impor um sistema austero de ética (que era a crença a que o samurai no poder aderia ostensivamente). Os moradores da cidade de Edo (o antigo nome de Tóquio) não reclamavam ou se manifestavam contra essa opressão cultural. Eles encomendavam roupas especialmente desenhadas, modestas na parte exterior, mas lindas no interior, feitas de materiais caros, como seda ou kinran, um tecido especial feito com linhas de ouro e prata. Assim, aquelas pessoas com espírito desafiador podiam usar o que parecia ser um tecido simples e modesto por fora, enquanto em segredo usavam um forro lindo, dando a si mesmas um grande estímulo moral e sentimento de orgulho sem ofender o samurai no poder. (É muito provável que o samurai soubesse tudo a respeito e apenas fizesse vista grossa.)

Outro exemplo interessante é o sushi matsuri (festival), originalmente de Okayama, no oeste do Japão. Aqui mais uma vez a classe samurai dominante declarou que, para desestimular um estilo de vida luxuoso, seria permitido apenas um prato nas refeições. Os resilientes moradores da cidade de Okayama não reclamaram, porém tiveram a brilhante ideia do sushi matsuri, que envolvia colocar todos os deliciosos ingredientes disponíveis — como sashimi de peixe, polvo, lula, camarão, tiras de ovos, cogumelos shiitake e *mamakari* (sardinha sem escamas marinada, uma especialidade de Okayama) — em uma tigela de madeira *oke* e arroz com vinagre por cima. Assim, eles estavam fazendo um único prato, conforme a ordem do chefe dos samurais; apenas calhava de ter tudo dentro, e, além disso, escondiam os ingredientes com essa cobertura saborosa de arroz. Então, pouco antes de servir, viravam o balde de *oke* de ponta-cabeça e colocavam o sushi matsuri em um grande prato, com todos os ingredientes suculentos e coloridos agora à vista em cima do arroz de sushi com vinagre.

Eu considero esses dois exemplos uma expressão singularmente japonesa do espírito do *nagomi* da criatividade. Em cada um desses casos, as pessoas estavam protegendo sua liberdade enquanto mantinham o *nagomi* com a classe dominante.

A epifania que o jovem Osamu Tezuka sentiu na planície queimada da Osaka do pós-guerra é um ótimo exemplo do *nagomi* da criatividade. Ele poderia ter se manifestado contra a atrocidade da guerra ou os maus julgamentos do governo, mas, em vez disso, fez grandes obras de mangá que deram muita alegria às pessoas em meio às dificuldades da vida no Japão do pós-guerra. Esse foi o *nagomi* de criatividade de Tezuka.

Quando existem problemas, além de erguer a voz diretamente contra eles, pode haver caminhos alternativos, menos óbvios ou ostensivos, só que mais eficazes, aparentemente acanhados, mas no fundo corajosos. Esse é o caminho do *nagomi*, ou *nagomido*, no qual a pessoa pode ser extremamente criativa sem quebrar regras.

No caminho do *nagomi*, a coisa mais importante é ser verdadeiro consigo mesmo.

As pessoas costumam ter a ideia de que um gênio é um lobo solitário ou um rebelde. Há sem dúvida alguns exemplos disso. Albert Einstein, para começo de conversa, que abandonou o sistema educacional de ginásio rigidamente regulamentado da Alemanha e vagou pela Europa sozinho, foi com certeza um rebelde. Só que um gênio também deve ter *nagomi* com a época e a sociedade, sobretudo se quiser ter algum sucesso reconhecível. O gênio até precisa ser conformista para colocar seu potencial no contexto ideal para que ele possa florescer.

Um insight crucial sobre a natureza essencial do gênio é que o *nagomi* é o processo no qual mais do que um elemento é fundido para formar uma nova entidade. Na verdade, o *nagomi* é central para o entendimento japonês do que a vida acarreta em geral, seja uma vida envolvendo gênio, uma vida mais mundana ou qualquer outra coisa. O cérebro em si pode ser considerado uma única grande máquina de *nagomi*, em que diversos circuitos neurais que conduzem diferentes funcionalidades são fundidos, combinados e ressoam uns com os outros para criar novas funcionalidades.

Então, dentro da psique japonesa, o gênio é parte do grande círculo da vida, e não uma dádiva vinda de outra parte. Essa é uma visão completamente diferente do processo criativo do Ocidente.

Na tradição cultural ocidental, o gênio tende a ser concebido como algo avulso. Essa imagem pode ter sua origem na história bíblica de Deus criando o mundo (sozinho) em seis dias. Definitivamente, a conceituação ocidental de gênio não tem nada a ver com o *nagomi*, em que se estabelece equilíbrio e harmonia com os vários elementos que cercam uma pessoa.

Na tradição japonesa, o *nagomi* é um equilíbrio delicado entre autoafirmação e autonegação, o absoluto *versus* os valores relativos de ser quem você é. A criatividade não é um processo no qual o gênio de alguém se impõe ao mundo. É, sim, um processo de encontrar uma combinação orgânica entre o que é singularmente próprio e os aspectos mais abrangentes do mundo mais amplo. Nesse sentido, o *nagomi* é um processo de fato criativo de encontrar uma combinação orgânica da afirmação positiva do eu e da negação do eu, à medida que a pessoa tenta descobrir uma solução coexistente com o mundo.

Para resumir, o gênio é um fenômeno em rede, no qual a pessoa tenta estabelecer um *nagomi* entre o próprio potencial particular e a sociedade em que está inserida. O gênio é fruto do *nagomi* da criatividade.

Mesmo quando a pessoa ostensivamente cria algo grandioso, não se considera que isso deva ser atribuído tão somente às características daquele indivíduo. O caminho do *nagomi* (*nagomido*) reconhece isso, o que abre a possibilidade de criatividade para todos, não importa quais sejam suas características pessoais. Se você souber como se associar ao restante do mundo apropriadamente, talvez consiga realizar alguma coisa de valor. Essa linha de pensamento pode parecer rebaixadora para o ego, mas na verdade é profundamente emancipadora.

Se sua mente está livre de todas as pressuposições sobre criatividade, como ideias sobre alta e baixa cultura, talento, gênero, idade e posição social, você fez do *nagomi* da criatividade o seu próprio. Eu espero sinceramente que as discussões deste capítulo tenham ajudado você a despertar para o potencial que existe dentro de si.

Talvez você decida fazer uma reserva num karaoke para ir qualquer noite dessas com seus amigos ou colegas, ou se matricular em uma aula de pintura ou desenho, mesmo que não tenha pintado ou desenhado desde a escola. É só uma questão de encontrar alguma coisa que você goste e que vá fazer sem ligar muito para o que os outros possam pensar, como acontecia quando éramos crianças e naturalmente criativos.

Quando alcançar o *nagomi* consigo mesmo e com o ambiente e puder sorrir no embalo de sua base segura recém-descoberta, respirando livre em um quarto só seu, você terá se preparado para ser criativo em seu potencial mais pleno. Você está prestes a chegar a um *nagomi* de criatividade.

Quando você ouve sua voz interior, não importa em qual ambiente seja, pode sempre almejar executar o caminho do *nagomi* de maneiras criativas e superar as dificuldades, tanto da sociedade quanto as suas próprias.

No verdadeiro espírito do *nagomi* da criatividade, você deve sempre se perguntar:

Qual será o seu verso?

8

Nagomi da vida

A vida é uma jornada, uma transição de sentido único da juventude para a velhice. Muitos de nós têm dificuldade para aceitar essa inevitabilidade e consideram o envelhecimento algo contra o qual devem se proteger, como se fosse uma derrota vergonhosa. Mas essa é uma concepção equivocada da essência da vida. Não é exagero dizer que aplicar *nagomi* em nossas vidas mudará o modo como abordamos nossa própria existência.

Num ensaio clássico que entrou para o cânone da literatura japonesa, *Hojoki: Reflexões da minha cabana*, de Kamo no Chomei (1155-1216), há uma passagem maravilhosa sobre a efemeridade da vida.

Ela começa com esta famosa frase: "A correnteza do rio está sempre lá, e ainda assim a água nunca é a mesma. As bolhas na superfície dos espelhos d'água aparecem, e depois desaparecem, em mudanças incessantes".

Chomei está preocupado com a passagem do tempo e a contradição entre eternidade e temporalidade. Ele la-

menta como as pessoas e as casas vicejam e depois se vão, sem deixar rastro. Ele equipara mudanças nos lugares e nas pessoas ao orvalho da manhã numa *asagao* (ipomeia). O orvalho não é capaz de durar até a noite, Chomei escreve. A própria flor pereceria. Nada é permanente, e essa é a condição inevitável da vida, conclui ele, um tanto sombrio. Chomei escreveu esse ensaio meditativo durante seu retiro autoimposto em uma *hojo* (cabana de três metros quadrados). Hoje, há uma réplica de sua *hojo* no santuário Kawai, em Quioto, junto de uma bela floresta.

É adequado começar este capítulo sobre o *nagomi* da vida com o ensaio clássico de Chomei, já que o *nagomi* é o reconhecimento do fato de que a vida depende de muitos elementos para solidez, estabilidade e confiabilidade. Sem o *nagomi*, a vida neste mundo imprevisível não pode seguir em frente. O *nagomi* é uma importante peça do quebra-cabeça da filosofia de vida, não apenas no contexto japonês, mas no mundo como um todo. Na verdade, pode-se dizer até que o *nagomi* é a própria vida.

Se olharmos para o mundo contemporâneo e para as coisas que parecem grandes e importantes hoje, como companhias como Facebook, Google, Apple e Amazon, podemos pensar que elas são grandes demais para falir e temos dificuldade para imaginar a vida sem elas. Só que elas estão longe de serem permanentes. Por ora, elas parecem invencíveis, e é verdade que essas companhias provavelmente permaneçam conosco por pelo menos algumas décadas. Mas se Chomei estivesse vivo, ele preveria grande incerteza. Porque assim é a vida.

A maior tragédia da vida costuma vir da resistência às mudanças que viver nossas vidas orgânicas inevitavelmente trazem. Muitas culturas pelo mundo são obcecadas pela juventude, e as pessoas fazem de tudo para manter a aparência jovem, experimentando esse ou aquele suplemento, fazendo tal exercício, comendo tal comida especial e se submetendo a cirurgias plásticas. Tudo isso se resume a uma escolha pessoal, mas a busca incessante pela juventude ignora a beleza que pode vir com a idade.

Ainda que Bob Dylan tenha cantado sobre ser jovem para sempre e seja famoso por muitas de suas primeiras músicas, ele continuou a evoluir como músico, e em junho de 2020 lançou um álbum aclamado pela crítica, *Rough and Rowdy Ways*. Eu fiquei pessoalmente impressionado com a natureza dessa obra, que é madura e jovem ao mesmo tempo. A voz de Dylan soa como um carvalho envelhecido, com um toque de mel, diferente de sua voz característica da juventude, mas ainda muito atraente.

A abordagem japonesa para continuar jovem para sempre não é rejeitar a mudança, mas abraçá-la como um acontecimento natural neste mundo instável. No Japão, há o conceito de *tokowaka*, que pode ser traduzido literalmente como "jovem para sempre" ("*toko*" significa "eternidade", e "*waka*" significa "jovem"). O *tokowaka* ocupa uma posição importante na filosofia de vida no Japão. Mais significativamente, o *tokowaka* é um processo; nada continua o mesmo e tudo se renova, assim como Chomei observa no início de *Hojoki*. Dylan fazendo o single de retorno "Murder most foul" na idade madura de oitenta anos é muito *tokowaka*. Para ficar jovem para sempre, de acordo com a filosofia do *tokowaka*, você precisa desapegar e abraçar — até acolher — as mudanças. De fato, o *tokowaka* é um processo no qual você estabelece um *nagomi* com o envelhecimento.

A filosofia do *tokowaka* foi celebrada pelos fundadores do Nô, uma tradição do teatro japonês que agora está na lista de Patrimônio Cultural Imaterial da Unesco. Ele foi fundado por Kan'ami (1333-84) e Zeami (1363-1443), pai e filho, no século XIV, e integra máscaras, figurinos e diversos adereços, e exige atores e músicos altamente treinados para encenar o espetáculo. Kan'ami e Zeami também escreveram uma análise teórica do palco intitulada *Fushikaden* (*Estilo e a Flor*), na qual eles diferenciam dois tipos de "flor", ou o resplendor de um ator no palco. Um é a "flor do tempo", que é possuída por um ator na juventude. O outro é a "flor da verdade", que aparece na idade madura, quando o ator está enrugado, lento e talvez até encurvado. A "flor da verdade" é o jovem para sempre, ou *tokowaka*, obtido pela arte profunda do teatro Nô por meio de trabalho duro e disciplina.

Um exemplo de *tokowaka* no mundo da natureza é a flor de cerejeira que vemos na primavera. As belas flores cor-de-rosa da cerejeira são indelevelmente associadas ao Japão e são celebradas por seu florescer efêmero. Tudo sobre as flores de cerejeira é imprevisível. A época em que florescem e o tempo que elas duram é determinado pelo clima instável da primavera; vários dias quentes vão fazer os botões florescerem, o tempo mais frio que se segue preservará as flores por mais tempo, mas a chuva e o vento podem levá-las mais cedo do que o previsto para o solo. Mesmo nas melhores condições, as flores só duram por volta de uma semana. Para muitos japoneses, elas são uma metáfora da vida. Assim como nossas vidas, seu florescer é imprevisível e curto, e está à mercê dos elementos que estão além de seu controle. O *hanami*, "contemplar as flores", a tradição japonesa de admirar as flores, trata de aproveitar a vida ao máximo enquanto podemos, porque um dia ela vai acabar.

Ao repetir o processo natural a cada ano, as flores de cerejeira chegam coletivamente a algo semelhante ao *tokowaka*, ou a "flor da verdade". É uma celebração do efêmero, ou da "flor do tempo", segundo a obra de Kan'ami e Zeami.

Se fosse possível resumir a filosofia de vida japonesa em uma frase, seria que "a única coisa que permanece neste mundo é a mudança". Isso é mais óbvio agora do que nunca com a chegada da pandemia de covid-19. Todos experimentamos mais incertezas e tivemos que aprender a lidar com mudanças inesperadas e incontroláveis. O caminho do *nagomi* reconhece que as coisas podem ser complexas e nos mostra que temos que nos ajustar à ambiguidade, à inquietação e a outros altos e baixos que a vida pode trazer.

A sensação da natureza efêmera do mundo, a tomada de consciência de que tudo passa, está por trás do acolhimento japonês do *nagomi*. Tudo passa, por mais poderoso e permanente que possa parecer. Se você construir alguma coisa com tijolo e pedra, não poderá torná-lo permanente. Até a reconstrução do santuário de Ise a cada vinte anos é só uma boa tentativa de permanência diante da impermanência da natureza.

A cada vinte anos, as construções do santuário são cuidadosamente desfeitas e novas, exatamente com mesma estrutura, são erguidas em um novo local, usando madeira recém-obtida. As construções atuais são de 2013. A próxima reconstrução vai acontecer em 2033. Os registros sugerem que esse processo de reconstrução vem ocorrendo nos últimos 1200 anos, com ocasionais irregularidades devido a batalhas e agitações sociais.

Para sustentar a reconstrução exata dos santuários a cada vinte anos, diversas considerações e preparações cuida-

dosas devem ser estabelecidas. As árvores *hinoki* (cipreste japonês), por exemplo, cuja madeira é usada nas construções do santuário, devem ser plantadas com muitas décadas de antecedência. Para isso, o santuário de Ise possui reservas de árvores *hinoki* em todo o país. Alguns dos troncos usados no santuário precisam ter um determinado tamanho, que só se consegue com árvores com mais de duzentos anos. A reconstrução do santuário durante esse longo período de mais de 1200 anos envolveu um planejamento cuidadoso e extenso e o cultivo das reservas de *hinoki* do santuário de Ise.

Assim, as construções do santuário de Ise são jovens para sempre, ou *tokowaka*, ainda que materialmente falando elas estejam sempre mudando. De fato, o venerável santuário pode continuar jovem, novo e brilhante exatamente porque abre mão de seu eu mais antigo.

A abordagem japonesa para continuar jovem para sempre, então, não trata de rejeitar a mudança, mas de abraçá-la.

Por fora, o santuário de Ise pode parecer estar mantendo a aparência de ser jovem para sempre ao substituir o antigo pelo novo, valorizando, assim, apenas o último. Mas ele não rejeita a noção de que o novo acaba por envelhecer; quando o santuário é reerguido a cada vinte anos, a madeira que foi cuidadosamente retirada da antiga construção, ainda bastante robusta e forte, é meticulosamente polida e processada, para ser usada em santuários menores que ficam pela área de Ise. A madeira é sempre respeitada e tratada com grande cuidado, o que é pertinente com sua venerável história de ter sido utilizada para construir o santuário de Ise.

Mesmo que o santuário de Ise continue jovem para sempre num sentido superficial, ainda aceitamos que, neste mundo instável, as mudanças são naturais. A princípio, pode parecer paradoxal que, apesar de ser um país construído com ênfase na efemeridade das coisas e dedicado ao *mono no aware* (*páthos* das coisas) no mundo instável, o Japão ostenta algumas das instituições mais antigas e duradouras no mundo. A construtora Kongo Gumi foi fundada em 578 e existe até hoje. O Japão também é o país com a monarquia hereditária mais antiga do mundo, com o imperador atual, Naruhito, sendo o 126º a se sentar no Trono do Crisântemo. É como se a constatação da efemeridade da vida possibilitasse um formato duradouro para os negócios e a monarquia. O segredo é abraçar o caminho do *nagomi* diante das inevitáveis mudanças da vida.

Ao abraçar o *nagomi* da vida, ainda podemos temer a morte, mas somos capazes de estabelecer o *nagomi* com a nossa própria mortalidade ao encontrar paz e harmonia com as pessoas que amamos já falecidas. No Japão, é costume ter

um lugar especial dentro de casa para homenagear os mortos. *Butsudans*, ou altares budistas, são frequentemente vistos em casas japonesas e são a resposta do Japão para como encontrar *nagomi* com os mortos, ou com a morte em geral.

    Os *butsudans* são meticulosamente esculpidos e polidos, e seus entes queridos normalmente os cercam com lembranças do falecido, com itens que representam crenças budistas. Um incenso *senko* costuma estar entre os itens, pois acredita-se que a fumaça e a fragrância proporcionam alimento para a alma do falecido. Quando as pessoas levam presentes como doces ou frutas para casa, o costume é colocá-los primeiro no *butsudan*, como oferendas à alma que se foi. Através dessas atividades concentradas em torno do *butsudan*, você pode continuar conversando com os entes queridos que já morreram. A sabedoria convencional é que as pessoas nunca estão mortas de verdade enquanto você se lembrar delas. Os *butsudans* funcionam como um centro de lembrança para os entes queridos, com base em um conjunto de costumes práticos.

No xintoísmo — a resposta japonesa para o budismo —, as pessoas se tornam deuses após a morte. Não é como o conceito de um deus ocidental que antecede e cria todo o universo. Um deus no Japão é mais humano. Na verdade, um deus não é nada além do que um ser humano que já morreu, mas eles têm, assim, implicações mais profundas e mais íntimas com a nossa existência. Um deus é uma forma de *nagomi* com a morte.

Quando uma pessoa morre, ela pode ser reconhecida como um deus e reverenciada num santuário xintoísta. O nome dado ao falecido como um deus representa a natureza apreendida da pessoa em vida, em distinção à sua personalidade, às suas realizações e às suas histórias favoritas. O sistema de nomeação dos deuses é um jeito prático de estabelecer o *nagomi* com o morto, mantendo sua memória viva.

Tokugawa Ieyasu, o guerreiro samurai que uniu o Japão na turbulência do período Sengoku e que lançou as bases para o xogunato Tokugawa (1603-1868), foi reconhecido como divindade com o nome de Tosho Daigongen ("*tosho*" quer dizer "esplendor oriental", referindo-se ao fato de que Ieyasu escolheu Tóquio como a nova capital, assim dando resplendor à região leste do Japão; *Daigongen* é um título honorário). Sugawara no Michizane, um aristocrata (845-903) da Idade Média, ainda que um excelente estudioso e poeta, morreu no exílio depois de uma rivalidade com o clã governante da época. Após sua morte, ele se tornou Tenjin ("deus do céu", literalmente), se referindo à crença de que seu espírito furioso deu início a uma tempestade em Quioto (antiga capital do Japão), causando um incêndio no qual pereceram os membros do clã que o expulsaram. À medida que os anos passavam, Tenjin se tornou o deus patrono dos estudiosos, refletindo as excelentes conquistas de Michizane durante seu tempo de vida. Assim, o nome de um deus na tradição japonesa é algo dado em memória de uma pessoa notável, que viveu sua breve vida nesta Terra e então pereceu, como deve acontecer com cada um de nós eventualmente.

Certa vez, tive um encontro verdadeiramente revelador com um jovem sacerdote xintoísta em Takachiho, na porção sul do Japão. Reza a lenda que os deuses fundadores do Japão desceram do céu em Takachiho, daí a localização montanhosa ser considerada o lar dos deuses no país. Ao visitar esse lugar historicamente significativo, troquei algumas palavras com o sacerdote xintoísta, que era jovem e ávido. A breve conversa me inspirou em relação à verdadeira essência dos deuses no Japão; foi de fato uma epifania.

Nós estávamos em frente a Amano-Iwato (Porta da Caverna do Céu), onde, na mitologia japonesa, a deusa Amaterasu, divindade fundadora de todos os deuses no Japão, se escondeu durante uma época de miséria em sua vida. Seu irmão Susanoo, sendo violento e selvagem, vinha se envolvendo em uma série de atrocidades, e Amaterasu não aguentava mais. Ela se refugiou na Porta da Caverna do Céu, e o mundo inteiro ficou escuro, como se a noite tivesse chegado. Isso pode ser tomado como metáfora, ainda que alguns estudiosos interpretem como uma referência a um eclipse total do Sol nos tempos antigos. De qualquer modo, com o desaparecimento de Amaterasu, as pessoas ficaram assustadas, pois as coisas estavam longe do normal sem ela. Obrigadas a fazer alguma coisa, elas tocaram músicas alegres e dançaram para atrair a atenção de Amaterasu. Intrigada com as festividades do lado de fora, Amaterasu abriu ligeiramente a Porta da Caverna do Céu. Então, as pessoas do lado de fora mostraram a Amaterasu um espelho chamado Yata No Kagami (rumores dizem que ele é um dos Três Tesouros Sagrados da Casa Imperial até hoje, ainda que ninguém, incluindo o imperador, o tenha visto). Atraída como ela estava por seu próprio reflexo no espelho, Amaterasu teve um momentâneo lapso mental. As pessoas se aproveitaram disso e escoltaram Amaterasu gentilmente para fora da Porta da Caverna do Céu. O mundo ficou claro de novo.

Um jovem sacerdote xintoísta explicava avidamente tudo isso para mim e para outros membros do público que estava no local naquele dia. Era uma coisa mais turística do que religiosa, mas o sacerdote, que provavelmente tinha acabado de terminar a formação xintoísta, falava entusiasmado.

Então, como que comentando por alto, e aparentemente dando pouca atenção ao fato, o jovem sacerdote disse casualmente:

"Então, essa é a história da deusa Amaterasu. Quando ela estava viva, presumivelmente tinha um nome humano, mas não sabemos qual era. Pode ter sido Himiko (uma rainha famosa no Japão antigo) ou algum outro."

Aquilo foi a última coisa que ele disse. Ele fez uma reverência e foi embora. Fiquei pasmo com a revelação e não consegui me mexer por alguns segundos. Senti que havia captado uma essência muito importante da filosofia do xintoísmo.

Eu sabia que as divindades eram nomeadas em homenagem a pessoas, mas nunca tinha suspeitado, até aquele dia fatídico, que esse princípio também se aplicava a Amaterasu, a deusa mais importante da mitologia japonesa. Como o jovem sacerdote xintoísta tinha sugerido, Amaterasu com certeza tivera um nome quando era humana, que agora estava perdido. Depois que essa mulher maravilhosa morreu, as pessoas refletiram sobre sua vida. Elas inventaram o nome Amaterasu, que literalmente quer dizer "Céu Radiante". Amaterasu, quando viva, de carne e osso, devia ter sido uma mulher que fazia as pessoas que a cercavam felizes, que iluminava o coração das pessoas. Foi por isso que o mundo ficou escuro quando Amaterasu se escondeu na Porta da Caverna do Céu. Como era adequado, então, o nome de Amaterasu (Céu Radiante) foi criado para celebrar essa pessoa maravilhosa!

Nos tempos modernos, a tradição de os humanos se tornarem divindade parece ter acabado, ainda que seja costume os budistas darem ao morto um *kaimyo* (nome budista póstumo). Hoje, é habitual ter uma placa comemorativa que descreve a lista dos *kaimyo* dos familiares falecidos no *butsudan*. Ser lembrado dessa maneira afetuosa por membros da família e por amigos próximos quer dizer que um *nagomi* é possível, mesmo com o inevitável fim. Isso também é verdadeiro em outras culturas, em que as pessoas se lembram do falecido ao dedicar um banco de parque a alguém, ao visitar seu túmulo ou simplesmente ter fotos da pessoa querida. Esses tributos amorosos são o auge do *nagomi* da vida.

9

Nagomi da sociedade

Até agora, nós exploramos o *nagomi* da comida, do eu, dos relacionamentos, da saúde, do aprendizado, da criatividade e da vida. Todos esses aspectos se reúnem para formar nossa sociedade.

Como já mencionei, o Japão incorporou elementos de diversas culturas diferentes em sua sociedade. No processo de modernização, aconteceu um enorme influxo da cultura ocidental que entrava no país. Foi o caminho do *nagomi* que possibilitou ao Japão integrar com êxito esses aspectos da cultura ocidental sem perder sua identidade distinta. Na verdade, no Japão nós usamos o ditado "*batakusai*" (que, literalmente, quer dizer "cheiro de manteiga") para indicar quando alguma coisa ocidental tem influência demais. Quando alguma coisa é *batakusai* demais, ela ameaça desequilibrar o caminho do *nagomi*. Por exemplo, a comédia satírica que trata de assuntos atuais não entrou no Japão, apesar da grande tradição de comédia que tem como exemplo o *rakugo* (de que falamos no capítulo 4). A educação em humanidades, baseada nas iniciativas dos estudantes, é difícil de introduzir, já que as escolas japonesas são obcecadas por notas de provas de papel. O jornalismo investigativo, independente de fontes de informação do governo, é raro na mídia japonesa.

A assimilação cultural é reconhecidamente um delicado ato de equilíbrio. No Japão, o *nagomi* da sociedade quer dizer que as decisões são tomadas levando em consideração diversos elementos que afetam a vida humana. Não basta apenas maximizar o lucro; mesmo que alguma coisa pareça ineficiente na superfície, pode muito bem ser porque ela é o resultado de um ato de equilíbrio detalhado e sofisticado. Assim como a metáfora do tapete mágico, nós buscamos o equilíbrio entre os diversos elementos de modo a tornar sustentável o desenvolvimento econômico. Em outras palavras, nós buscamos o *nagomi*.

Mais um exemplo do *nagomi* da sociedade em ação: ainda que Shibusawa Eiichi fosse um homem baixo, com apenas um metro e meio de altura, ele era um gigante em termos de realizações. Em apenas algumas décadas, ele fundou muitas companhias que eventualmente se transformaram em gigantes econômicos, como o banco Mizuho, a Tokio Marine, o Imperial Hotel, a Bolsa de Valores de Tóquio, as cervejas Kirin e Sapporo, a Jiji Press, a Kyodo Press e a Nippon Yusen. Além disso, Shibusawa foi responsável pela criação da Universidade Hitotsubashi e da Sociedade da Cruz Vermelha Japonesa. Shibusawa costuma ser chamado de "Pai do capitalismo do Japão", algo que será celebrado quando ele se tornar o rosto estampado nas notas de 10 mil ienes do Japão em 2024, substituindo o atual, de Fukuzawa Yukichi.

Quando você estuda a forma como Shibusawa lidava com seu trabalho, fica claro que ele entendia que, mesmo diante de uma concorrência econômica impiedosa, é essencial aplicar um princípio de *nagomi*. Shibusawa costumava alegar que o propósito de uma companhia privada não era maximizar os lucros, mas sim encontrar um equilíbrio entre o bem-estar e o lucro não apenas para os capitalistas, mas também para os funcionários, para os clientes e para a sociedade de modo geral. Em seu livro mais conhecido, *Rongo to Soroban* (*Os analectos de Confúcio e o Ábaco*), Shibusawa argumentou que era importante harmonizar a ética e os lucros ao devolver a riqueza privada à sociedade como um todo. Dessa forma, acreditava, seria possível desenvolver a economia plenamente e também tornar a sociedade como um todo mais rica.

As palavras de Shibusawa podem soar como uma fábula idílica e até irreal hoje, quando criadores e CEOs gananciosos detêm porções irrazoavelmente grandes da riqueza mundial. Só que precisamos ter uma visão clara do ideal, mesmo que estejamos tentando nos virar através de um campo de duras realidades, e as palavras e a filosofia de Shibusawa podem oferecer um modelo de excelência pelo qual lutar.

Também é importante perceber que Shibusawa não é um caso isolado na longa história da economia japonesa. No período Edo, antes da modernização do Japão, muitas pessoas que enriqueceram expressaram perspectivas semelhantes. O valor ímpar da filosofia de Shibusawa é que ele aplicou a longeva ética japonesa de compartilhamento e consciência de comunidade na época da construção da nação, de maneira que seu legado é sentido em todo o espectro da economia japonesa, através da ética e dos modos de vida que as pessoas ainda seguem. Sem dúvida, estilos gananciosos de capitalismo entraram no Japão, mas nunca ocuparam uma posição central. Alguns economistas pregaram a importância de maximizar os lucros para os acionistas, mas eles nunca prenderam o coração do japonês médio. Para a maioria das pessoas, as palavras de Shibusawa fazem mais sentido do que as pregações de CEOs avarentos que dão ênfase à importância de mirar sempre a maximização dos lucros. De fato, há sabedoria de sobra no estilo japonês de capitalismo, como mostra o exemplo de Shibusawa. É aqui que entra o *nagomi*.

Uma vez, minha colega de ciências sociais, dra. Anna Froese, veio de Berlim me visitar. Ela estava interessada em estudar o significado social do *ikigai*, o conceito fundamental do meu livro anterior. Conversamos no laboratório e depois eu a levei a um *izakaya* (lembre-se, é um bar japonês) no coração do distrito de Gotanda, em Tóquio, onde fica o meu laboratório. O lugar estava cheio de funcionários de empresas da vizinhança. Por causa do viés de gênero ainda predominante na sociedade japonesa, por volta de 80% dos clientes eram homens. Anna me perguntou sobre os clientes, e eu expliquei que eram funcionários da mesma companhia. É costume, eu lhe disse, os funcionários japoneses irem a um *izakaya* e se abrirem uns com os outros, reclamando do local de trabalho, do chefe, da família, da saúde etc. De fato, o *izakaya* é um dos maiores passatempos dos empregados de companhias japonesas, e é considerado um jeito fantástico de liberar o estresse, assim como de reafirmar e consolidar os laços pessoais.

Anna pareceu surpresa. Já eu fiquei surpreso com a surpresa de Anna. Nos locais de trabalho na Alemanha, Anna disse, o funcionário típico nem sequer sonharia em fazer uma coisa dessas. Existe uma séria competição entre os empregados por promoção, e os empresários alemães não concebem revelar suas fraquezas para os colegas, contou ela. Isso me mostrou uma das grandes diferenças culturais entre o Japão e a Alemanha. Também me apontou que o espírito do *nagomi* permeia a vida dos empregados das companhias japonesas.

Os japoneses consideram tradicionalmente o local de trabalho como uma "família" à qual a pessoa pertence. Há uma sensação de aconchego e unidade, com um toque do sentimento de "uma mão lava a outra". Assim, não é surpresa que os funcionários confiem uns nos outros, e um *izakaya* é um ótimo lugar para colocarem suas vulnerabilidades para fora com um saquê para acompanhar. Curiosamente, já faz muito tempo que esse ambiente aconchegante é alvo de críticas, não apenas de outros negócios internacionais, mas também dos próprios japoneses. O lado negativo do ambiente familiar das companhias japonesas é que elas podem ser um foco de ineficiência, segundo o que essas pessoas defendem. Deveria haver mais competitividade, e os funcionários deveriam ser mais disciplinados, dizem.

Essas pessoas estão desconsiderando a crença de Shibusawa de que não é crucial que as empresas maximizem os lucros. O xis da questão é algo mais complicado e mais rico, que abarca todo um espectro da natureza humana. A concepção implícita é a de que o *nagomi* é importante acima de qualquer outra coisa. O que há de mais valioso é ter um sentimento de *nagomi* entre os que trabalharam para uma empresa, assim é o *nagomi*, e não os lucros ou a eficiência, que deve ser maximizado.

O caso do *nagomi* nas companhias japonesas é interessante. Ele nos diz que, quando alguma coisa parece estar longe do ideal, pode haver um princípio de *nagomi* subjacente em ação; e isso para além das atividades econômicas.

A política pode não ser a praia de todo mundo, mas afeta nosso dia a dia e nosso futuro em longo prazo. A política tem um impacto sobre o modo como vivemos e crescemos e, no fim das contas, determina o quanto podemos ser felizes no longo prazo. A declaração de missão da política japonesa sempre foi a de conseguir o *nagomi* da sociedade. Isso tem valido tanto para a política interna quanto para a externa.

O Japão é uma democracia em que os membros do parlamento são escolhidos por eleição livre, mas, se comparada à de países como os Estados Unidos e o Reino Unido, ou mesmo alguns vizinhos asiáticos como Coreia do Sul e Taiwan, a política japonesa tem visto menos mudanças de governo por meio de resultados eleitorais, com o Partido Liberal Democrata (PLD) na maior parte do tempo no poder desde o fim da Segunda Guerra Mundial. A razão para essas relativas poucas mudanças de governo no Japão é meio misteriosa, não só para as pessoas fora do Japão como também para o próprio povo japonês. Alguns, inclusive eu, já se perguntaram se o longo governo do PLD e suas coalizões podem sugerir imaturidade na democracia japonesa. Só que, com o *nagomi* em mente, é possível chegar a uma conclusão diferente.

Talvez o sucesso do PLD possa ser explicado pelo fato de que ele pratica uma política de *nagomi*. Não é incomum que o PLD negocie, às vezes a portas fechadas, políticas com partidos de oposição; assim, para todos os efeitos, algumas das coisas que a oposição desejava (melhor bem--estar social, aumento do salário mínimo etc.) foram obtidas pelo PLD. Então, os outros partidos na realidade não estavam na oposição em si, mas funcionavam como grupos complementares na cena política. Em termos de negociações de políticas e de sessões parlamentares, os partidos de oposição japoneses têm estado em *nagomi* com o partido da situação. Existem até mesmo rumores de que os fundos secretos do chefe de gabinete do primeiro-ministro, totalizando mais de 1 milhão de dólares por mês, têm sido parcialmente usados para negociações com os partidos de oposição. Como acontece com qualquer boato político, isso provavelmente é verdade. Esses fundos secretos, arranjados como um meio de administrar o país sem percalços, foram usados para o *nagomi* entre o partido da situação e os partidos da oposição.

Do ponto de vista ocidental, o *nagomi* entre os partidos de situação e de oposição pode soar como corrupção, mas não é quando você de fato pensa a respeito. Leve em consideração um sistema político em que dois grandes partidos formam alternadamente o governo. Isso pode parecer uma boa ideia — sem dúvida melhor do que um governo de um único partido —, mas significa que, a qualquer momento, mais ou menos metade da população se sente excluída, já que o partido político para o qual votaram não está no poder. Nos Estados Unidos, por exemplo, os defensores do Partido

Democrata ou do Partido Republicano em dado momento se sentem excluídos do processo político, dependendo de qual candidato esteja na Casa Branca. O mesmo vale para o Reino Unido, para os eleitores do Partido Conservador ou do Partido Trabalhista. Contudo, certamente é verdade que nesses países as pessoas com ideias opostas muitas vezes acham difícil até conversar umas com as outras nessa era de pós-verdade e de câmara de ressonância.

O *nagomi* pode ser um princípio norteador maravilhoso para direcionar as decisões e o comportamento de uma pessoa na sociedade, na arena política e mais além. Assim como ele mostra que a maximização de lucros não é o único objetivo da atividade econômica, também não é o objetivo único da política buscar apenas a política do partido da situação, esmagando a oposição. Em um mundo em que questões políticas, econômicas e sociais vêm se tornando cada vez mais complexas, é importante considerar seja qual for o valor contrário tendo o *nagomi* em mente. Aplicando o *nagomi*, nós podemos aplacar conflitos e promover políticas mais sustentáveis e produtivas. Mesmo quando uma determinada perspectiva parece absolutamente correta no momento, pode ser ruim, até desastroso, buscar esse ideal além do *nagomi*. Sempre faz sentido empregar o *nagomi* e ir atrás da harmonia entre muitos elementos diferentes quando se considera uma posição política.

Para encontrar uma manifestação da sustentabilidade acarretada pela aplicação do *nagomi* à sociedade, não é preciso olhar além da Família Imperial Japonesa. No Japão, a postura política (se houver) da Família Imperial tem sido a do puro *nagomi*. Na longa história do Japão, a Família

Imperial se poupou de fazer qualquer pacto com as forças políticas dominantes, por mais fortes e influentes que pudessem parecer na época. Em vez de se tornar muito estreitamente associadas com os poderes que vinham e iam, o imperador sempre agiu como um agente moderador, dando a autoridade final e a legitimidade aos poderes do samurai ou do xógum que podiam emergir como a força dominante em dado momento. É consequência disso o fato de a Casa Imperial do Japão ser a monarquia hereditária que sobrevive por mais tempo no mundo.

O *nagomi* também faz sentido prático quando lidamos com nossos relacionamentos pessoais no dia a dia. Como já mencionei anteriormente, a abordagem ocidental às vezes se baseia demais em um modelo de confrontação, e não de *nagomi*. Você pode achar que é importante vencer seu oponente, mas o caminho do *nagomi* sugere, sim, que você não deve fazer de ninguém um inimigo, para começo de conversa. Quando você deprecia uma pessoa, ela naturalmente ficará magoada. Ela estará menos disposta a colaborar com você no futuro ou a considerá-lo um potencial amigo. Vivemos em um mundo cada vez mais conectado, com as redes sociais criando uma sociedade em que todos estão, em média, a seis ou menos conexões sociais distantes de todas as outras pessoas; então, não é uma boa ideia ter desavenças demais com alguém.

Isso não significa que você não possa tornar públicas suas opiniões; quer dizer apenas que devemos tentar não ser injustos ou rudes. Acompanhando o espírito do *nagomi*, devemos procurar colaborar e manter um relacionamento amigável, até mesmo com nosso mais ferrenho oponente.

As políticas de identidade não são muito boas para a sociedade se as rivalidades entre as identidades forem levadas muito adiante; vale sempre a pena enxergar a perspectiva do outro lado, de modo que você se torne um mitigador em vez de um lutador. Colocar o *nagomi* em prática com seu inimigo pode ser uma das experiências mais gratificantes e sustentáveis em sua vida. Se você dominar a arte do *nagomi*, pode continuar crescendo e prosperando, e abarcando a grande diversidade do mundo.

Existe uma urgência crescente na necessidade de entender e empregar o *nagomi* na sociedade em todos os planos, à medida que o mundo segue em direção a uma disposição mais conflituosa, e os confrontos entre ideologias opostas começam a parecer inevitáveis. Mesmo quando uma determinada perspectiva pareça estar absolutamente correta em certo momento, pode ser ruim, até mesmo desastroso, para nossas vidas buscar esse ideal mais além do que o caminho do *nagomi* nos aconselharia. Muitos experimentos sociais que pretendem implementar a sociedade ideal resultaram num inferno. Sempre faz sentido aplicar o *nagomi* quando se considera uma posição política particular.

O Japão tradicionalmente ocupa um meio-termo no que se refere à confrontação. Só que existiram pontos extremamente lamentáveis — como na Segunda Guerra Mundial —, quando foi uma nação militarmente agressiva e o caminho do *nagomi* se perdeu, com consequências devastadoras para o Japão e seus países vizinhos.

Mais recentemente, quando se trata de enfrentar abusos de direitos humanos e práticas opressivas de governo, o Japão tem sido em geral lento em protestar e impor as sanções necessárias. Dado esse histórico, alguns lamentam a consciência quanto aos direitos humanos do governo japonês e de seu povo. Essas críticas são pelo menos em parte justificadas. Por diversas medidas, o progresso rumo a uma melhor igualdade de gênero no país é uma bagunça. A televisão e os jornais japoneses há muito são criticados pela mentalidade fechada do clube *kisha*, que exclui jornalistas independentes e a mídia estrangeira do livre acesso, resultando em menos liberdade de imprensa se comparado com outros países economicamente desenvolvidos.

Assim, como todos os países, o Japão tem seus problemas. Só que nos últimos tempos ele travou relacionamentos significativos com outros países, e alguns deles têm sistemas políticos com os quais o governo japonês pode não necessariamente concordar.

No mundo de hoje, vivemos atritos entre modos alternativos e concorrentes de organizar a sociedade e de valores inerentes. Nos anos imediatamente seguintes à queda do Muro de Berlim, prevalecia uma perspectiva otimista do futuro da civilização humana, na qual se esperava que o mundo visse uma convergência triunfante e próspera da democracia parlamentar e do livre mercado. Em 1992, Francis Fukuyama declarou celebremente em seu livro *O fim da história e o último homem* que a competição entre modos alternativos de administrar a sociedade humana tinha chegado ao fim. Só que desdobramentos recentes mostraram que Fukuyama estava errado, ou pelo menos que o júri ainda não voltou.

Os valores expressos pelos governos de alguns países aparentam ser distantes entre si, a tal ponto que parece não haver chance de se chegar a um meio-termo. Governos rivais dão a impressão de acreditar que só eles têm um modelo para um futuro sustentável, demonstrando que um meio-termo entre ideologias opostas não é possível. É precisamente aí que o espírito do *nagomi* da sociedade deve vir em socorro, para tornar o futuro da civilização humana harmonioso e sustentável de verdade. Pode soar como um clichê, mas pessoas de países diferentes são todas humanas, sonhando os mesmos sonhos e aspirando às mesmas conquistas. Deveria haver modos de países de ideologias diferentes coexistirem em harmonia. Se os povos de nações que têm ideologias diferentes pudessem todos sorrir juntos, esse seria um dos casos mais criativos do *nagomi* da sociedade rumo a um mundo pacífico.

Aqui, é importante salientar que manter um *nagomi* não necessariamente significa submissão, conformidade ou ceder nos princípios que você tem como mais caros. O *nagomi* da sociedade quer dizer identificar as diferenças e admitir e reconhecer as posições uns dos outros no mundo, o que se formou ao longo dos anos através de dinâmicas complexas de cultura e história. Com muita frequência, há uma tendência de achar que uma pessoa ou um lado tem a resposta "certa" e que o outro está errado. O caminho do *nagomi* é deixar que os outros sigam seu próprio caminho, mesmo quando você sente que está certo além de qualquer dúvida fundamentada.

É interessante o fato de que a sociedade japonesa sempre foi relativamente livre de qualquer ideologia dominante. Historicamente, sempre que uma ideologia parecia estar ganhando impulso, havia resistência sistêmica ou resistência espontânea, numa tentativa de manter o *nagomi* da sociedade. Um exemplo disso é como o cristianismo foi recebido e posteriormente rejeitado no Japão na Idade Média. Os guerreiros samurais viram o trabalho dos missionários para converter o povo do Japão e ficaram com medo de que sua influência tivesse um impacto radical e até mesmo destruísse as culturas autóctones do Japão. Dessa perspectiva, a dura rejeição ao cristianismo, como retratada no excepcional romance de Shusaku Endo, *O silêncio*, talvez tenha sido um derivado inevitável e lamentável da preservação do *nagomi*.

Mas ainda hoje é possível encontrar elementos do cristianismo no Japão. No país, não há muito atrito entre diferentes religiões. Os japoneses costumam ter um casamento no estilo cristão, ir a um santuário xintoísta no dia de Ano-Novo para um ritual chamado *hatsumoude* (literalmente, "a primeira visita do ano ao santuário", e para muitos a única) e ter um funeral budista. Para muitas pessoas no Japão, não é um problema adotar as tradições de diferentes religiões. De fato, um casamento cristão é considerado mais romântico, uma ida ao santuário xintoísta no Ano-Novo ecoa a sensação de recomeçar do zero com uma página em branco em sua vida, e a solenidade de um funeral é mais adequadamente expressada no modo budista tradicional.

Isso pode parecer impertinente e talvez desrespeitoso para pessoas que são muito religiosas, mas certamente é verdade que o Japão conseguiu se tornar quase livre de conflitos religiosos ou civis. Encaro essa como uma das maiores conquistas do *nagomi* da sociedade no Japão.

Na vida, é importante manter a curiosidade viva, aprender e absorver novas influências. Por outro lado, alcançar o equilíbrio é necessário para que a sociedade permaneça estável. O *nagomi* não trata de ideologias, de esquerda ou direita, de progressismo ou conservadorismo, de religiosidade ou secularidade. O *nagomi* trata de como manter o equilíbrio na vida, que é o que existe de mais precioso. Quando cuidadosamente regulado, o *nagomi* pode ser usado de modo a promover a diversidade e a liberdade individuais, para que possamos compartilhar nossas culturas e coexistir em paz.

10

Nagomi da natureza

Ao considerar o mundo natural, é útil ter a tradição japonesa do *kintsugi* em mente. O *kintsugi* é a técnica milenar de consertar louças quebradas aplicando *urushi* (substância derivada da seiva da árvore chinesa da laca), ouro em pó e outros materiais nas rachaduras. A prática e o princípio do *kintsugi* abarcam, e não rejeitam, os defeitos na constituição das coisas e podem ser aplicados a quase tudo na vida. Você não joga fora uma xícara lascada ou uma tigela quebrada; você cuida muito bem delas e as trata como fragmentos indispensáveis a serem de novo unidos. No espírito do *kintsugi*, não se abandonaria a Terra só porque ela foi afetada e deteriorada por atividades humanas.

O povo japonês tem provavelmente uma das visões da vida mais abrangentes. Na verdade, na tradição budista, acredita-se que as plantas tenham alma, e a vida delas sempre foi fundamental na espiritualidade do Japão. No

mundo de hoje, com suas tecnologias e as luzes das cidades grandes, algumas pessoas parecem encarar o meio ambiente do planeta como dispensável. Nada está mais longe da verdade do que isso.

Ikebana é a arte japonesa de arranjos de flores e tem sido realizada pela família Ikenobo no centro da cidade velha de Quioto por mais de quinhentos anos. Senko Ikenobo é a primeira *iemoto* (cabeça) mulher na longa história do *ikebana* na Casa de Ikenobo. Quando questionada sobre o que o *ikebana* significa, a mestra Ikenobo invariavelmente cita uma reverência por todos os seres vivos e uma oração pela salvação de suas almas. O arranjo floral *ikebana* é uma forma de oração por todos os seres vivos.

Naturalmente, para fazer um *ikebana*, é necessário cortar flores, encurtando suas preciosas vidas. Só que, fazendo isso, o *ikebana* pode ajudar as flores, as folhas e os galhos a chegarem a um estado mais bonito do que seria possível se deixados sozinhos. O embelezamento físico das plantas, portanto, as melhora espiritualmente. O *ikebana* é uma aplicação do caminho do *nagomi* (*nagomido*) que vai além das fronteiras entre as espécies para acolher as plantas como almas gêmeas dos seres humanos.

Na natureza, como em todas as caminhadas da vida, é importante chegar a um equilíbrio entre perspectivas diferentes num belo *nagomi*. Quando se trata do empenho de equilibrar as atividades humanas com o mundo natural, é importante levar o conceito japonês de *satoyama* em consideração. *Satoyama* é uma palavra que descreve as fronteiras entre o *"sato"* (hábitat humano) e o *"yama"* (montanha), e portanto é onde civilização e natureza se encontram e resultam numa bela harmonia. Por todo o Japão, é possível encontrar o *satoyama* ao longo dos limites entre planícies e montanhas ou entre vales e baixadas. De fato, um *satoyama* é uma ideia singularmente japonesa sobre como estabelecer um *nagomi* entre as atividades humanas e a natureza.

Um *satoyama* é muito bonito de ver, e quando se observa um bom exemplo dele em ação, a impressão fica com você para sempre, proporcionando uma imagem daquilo que a vida deveria ser com o *nagomi* e oferecendo inspiração para o *nagomi* da saúde.

A ideia de *satoyama* é representada maravilhosamente no filme *Meu amigo Totoro*, de Hayao Miyazaki. O cenário rural em que as duas menininhas, Satsuki e Mei, perambulam e partem em aventuras é um exemplo típico do *satoyama*. Ainda que Miyazaki seja caracteristicamente ambíguo sobre o lugar que inspirou o filme, uma boa suposição apontaria para Tokorozawa, uma cidade-zinha suburbana na província de Saitama, ao norte de Tóquio. Dizem que a filha do amigo de Miyazaki pronunciou Tokorozawa errado como "Totorozawa", dando assim o nome para a grande criatura do filme. Os montes verdes de Sayama Kyuryo, em particular, que vão de Tokorozawa a Tóquio, são amplamente encarados como o *satoyama* representado no filme. Existe hoje um movimento do National Trust [Fundo Nacional para Locais de Interesse Histórico ou Beleza Natural] que está tentando preservar os montes verdes de Sayama Kyuryo, e Miyazaki é um dos patronos.

Como sugerido no filme, um ambiente *satoyama* se oferece à vida humana. De fato, são as atividades humanas que tornam as muitas vidas no *satoyama* ricas e diversificadas. Existe uma tendência no Ocidente de achar que a natureza fica melhor quando deixada em paz pelos humanos. Isso é de certa forma compreensível, e todo mundo concorda que uma floresta originária imaculada é algo a ser valorizado e estimado por si só. No entanto, o *satoyama* oferece uma abordagem diferente, que afirma que, na verdade, em vez de destruir unilateralmente o mundo natural, a atividade humana às vezes pode aumentar a biodiversidade e o advento de hábitats e ecossistemas singulares. Num típico ambiente *satoyama*, a coexistência harmoniosa entre a natureza e a civilização pode seguir por séculos.

Um exemplo maravilhoso do sistema ecológico singular que um *satoyama* estimula pode ser encontrado perto do maior lago do Japão, o Biwa, na região de Takashima, na província de Shiga. Lá, há uma rede intricadamente equilibrada de sistemas ecológicos envolvendo folhagens, água, vegetação e várias outras formas de vida que habitam esses espaços. O que é mais famoso são as carpas que nadam na água perto das casas dos moradores do lugar. Na verdade, elas nadam dentro delas. As cozinhas das casas dessa região de Takashima possuem canais que serpenteiam dos espelhos de água naturais até as piscinas que ficam direto nas cozinhas. Para os moradores da região, é algo do cotidiano ver carpas nadando nas piscinas em um cantinho da cozinha. Essa imagem, de carpas nadando por uma cozinha, além de linda, é um símbolo do que o *satoyama* representa.

A vantagem de ter peixes nadando por sua cozinha vai além da pura estética. Há também vantagens práticas. Você pode colocar os pratos na piscina depois de comer, e os peixes vão vir e comer as sobras da superfície, servindo como comensais e faxineiros. As carpas parecem gostar particularmente das sobras de arroz.

O *nagomi* da vida tanto das pessoas quanto das carpas é realizado pela inteligência, pela paixão e pela destreza, na forma do *teire*. *Teire* quer dizer, literalmente, "colocar as mãos" ou, de forma mais solta, "cuidado humano contínuo". O *teire* é considerado uma parte importante e necessária do nosso papel em preservar e proteger o mundo natural. Os jardins japoneses são belamente mantidos pelo *teire* daqueles que os servem. De jardineiros amadores a profissionais que trabalham em sítios do Patrimônio Mundial da Unesco, o Japão é um ótimo país para se ter *teire*. Sem o *teire*, a manutenção de florestas, de jardins e até de bonsais (que logo discutirei com mais detalhes) é impossível.

Essencialmente, o *teire* é um *nagomi* entre processos artificiais e naturais. Se coubesse apenas à natureza, a bela vista das carpas nas piscinas das cozinhas não teria sido possível. Essas vias navegáveis que permitem que as carpas nadem desimpedidas entre os mundos natural e criado são um produto do *nagomi* produzido pelo *teire*.

Sem o *satoyama* alcançado através do *teire*, a própria existência da natureza pode vir a ficar ameaçada. Quando eu era criança, adorava a natureza. Amava as borboletas em particular e costumava ser um entomologista amador, explorando diversas áreas do *satoyama* em nome da pesquisa. Eu relatava o que encontrava na feira de ciências da cidade e recebi alguns prêmios por isso. Tenho uma lembrança intensa de uma espécie em particular: a *Niphanda fusca*, uma borboleta pequena e escura com elegantes padrões de pintas no lado ventral (o inferior) das asas. Essa borboleta é encontrada em áreas onde a atividade humana levou a pastagens abertas flanqueando florestas banhadas pelo sol. Essa espécie única, encontrada apenas em países da Ásia Oriental, incluindo o Japão e a Coreia, se alimenta de um líquido doce secretado pela formiga *Camponotus japonicus*, ou formiga-carpinteira-japonesa. Esses dois insetos podem se desenvolver apenas no ambiente *satoyama*, onde os efeitos da atividade humana e da natureza se combinam e se fundem. Infelizmente, a população de *Niphanda fusca* está diminuindo rápido, e a espécie está registrada como ameaçada de extinção na Lista Vermelha Regional do Ministério do Meio Ambiente japonês. A principal razão para o declínio dessa espécie é o desaparecimento do ambiente *satoyama*, por causa da mudança na sociedade humana e o posterior desaparecimento de atividades tradicionais como a agricultura, a coleta de madeira para lenha e o corte de vegetação rasteira dentro de florestas e ao redor delas. Todas essas são atividades de trabalho intensivo e difíceis de manter em uma época economicamente desafiadora.

Há outras espécies ameaçadas de extinção que são únicas do ambiente *satoyama*. A *Fabriciana nerippe* é uma borboleta laranja magnífica nativa dos campos mantidos através da agricultura e da pecuária. Outra espécie, a *Shijimiaeoides divinus*, uma borboleta azul, pequena e elegante, vive em prados junto de terras agrícolas e campos de arroz abandonados e também está ameaçada, por causa de mudanças nos esquemas de cultivo e do uso da terra. O fato de que essas espécies que antes eram comuns tenham diminuído tanto em número é amplamente considerado um resultado de uma mudança na atividade humana.

É incrível que tantas espécies ameaçadas dependam de ambientes *satoyama* cultivados nos limites entre ambientes naturais e criados pelo ser humano. Peço perdão aos leitores por me concentrar em borboletas aqui, o que reflete minhas peculiaridades desde a infância. A mesma coisa vale para outras espécies de insetos, mamíferos, pássaros, peixes, plantas e fungos, que já foram fomentadas e agora estão ameaçadas pelo desaparecimento dos ambientes *satoyama*. A interação

com os seres humanos pode criar hábitats singulares na natureza. O *nagomi* é, em geral, uma consciência das redes de interação no sistema ecológico, e o *satoyama* é um belo exemplo dele.

Um exemplo final do *nagomi* e do *satoyama* como princípios norteadores para fomentar uma coexistência harmoniosa entre os humanos e o mundo natural é a arte botânica do bonsai.

O bonsai se originou na China como a arte do *penjing*, ou do *penzai*, e, como muitas outras coisas que vieram da China, se transformou e se tornou sua própria tradição no Japão. Hoje, o bonsai é popular no Japão, bem como no mundo todo. No Palácio Imperial de Tóquio, há cerca de seiscentas árvores de bonsai, que abarcam noventa espécies diferentes e apresentam o que há de mais refinado no gênero. Algumas dessas árvores têm centenas de anos, e isso se resume a um *teire* contínuo.

O *teire* é um aspecto essencial do cultivo de bonsais, já que, para cuidar dessas árvores em miniatura, é preciso aparar e podar suas folhas. Um artista de bonsai disse que, quando se dobra os troncos e ramos das pequenas árvores, ele imita os efeitos do vento e da neve na natureza, e portanto reproduz o trabalho da Mãe Terra no pequeno vaso da árvore. Essa é uma essência maravilhosa do *teire* alcançando o *satoyama* e demonstra o *nagomi* perfeito da natureza.

Considerações finais

Vamos observar mais uma vez os Cinco Pilares do *nagomi*:

1 Manter relacionamentos felizes com as pessoas que você ama, mesmo que você discorde delas.
2 Aprender coisas novas sem deixar de sempre ser fiel a si mesmo.
3 Encontrar uma sensação de paz em qualquer coisa que você esteja fazendo.
4 Misturar e combinar componentes improváveis para chegar a um equilíbrio harmonioso.
5 Ter uma maior compreensão da filosofia de vida japonesa.

Agora, depois de ler o livro, como lhe parecem esses pilares do *nagomi*?

— Você está agora mais inclinado a se concentrar em fomentar relacionamentos felizes com as pessoas que você ama, sem necessariamente concordar com elas em tudo?
— Você se sente mais capaz de aprender coisas novas, permanecendo fiel a si mesmo?
— A ideia de encontrar uma sensação de paz em qualquer coisa que esteja fazendo parece algo que você pode fazer ou se esforçar para fazer?
— Você sente que poderia tentar misturar componentes improváveis e que, fazendo isso, pode chegar a um equilíbrio harmonioso?
— O conceito de *nagomi* talvez lhe parece mais compreensível e relevante do que antes?

Espero que você possa fechar este livro com um bom entendimento do caminho do *nagomi*. Eu lhe desejo toda a paz e todo o equilíbrio harmonioso que o *nagomi* pode trazer.

Que o *nagomi* esteja com você!

Glossário

Batakusai termo significa, literalmente, "cheiro de manteiga" e é usado para indicar quando alguma coisa ocidental tem influência demais, como comédias satíricas.

Butsudan altar budista onde as famílias prestam homenagem aos mortos.

Chanko modo tradicional de preparar comida para os lutadores de sumô, de maneira que eles ganhem peso de forma saudável.

En termo pode ser traduzido como "relacionamento" ou "destino" (com a família ou uma pessoa amada, por exemplo).

Gaman conceito relacionado à perseverança e ao autocontrole; é uma das premissas mais importantes do *zen* budismo.

Getsukoyoku banho de lua.

Hanami contemplar as flores.

Harahachibu termo traduzido literalmente como "80% do estômago", é a ideia de que se deve parar de comer antes de ficar completamente satisfeito, para evitar comer demais.

Hashiri refere-se ao início da estação, quando os mercados começam a ficar cheios de novos ingredientes.

Hatsumoude termo para descrever a primeira visita do ano a um santuário xintoísta.

Ichigo ichie conceito de se valorizar um dado momento no tempo. Pode ser traduzido como "uma vez na vida" e faz as pessoas se lembrarem de estimar qualquer experiência que possam dividir com os outros, como uma cerimônia de chá japonesa.

Ichiju issai sistema de criação de uma refeição, baseado em uma sopa e um acompanhamento.

Ikebana arte tradicional de arranjos de flores.

Ikigai filosofia japonesa que ajuda a ter atenção plena e alegria em tudo o que se faz.

Izakaya bar tradicional japonês.

Kaiseki descreve o equilíbrio harmonioso de ingredientes nos pratos.

Kaisuiyoku banho de mar.

Kawaii termo aproximadamente traduzido como "*cute*" em inglês, ou "fofo" em português, mas seu significado muda ligeiramente, a depender do contexto.

Kintsugi antiga técnica de consertar louças quebradas aplicando *urushi* (substância derivada da seiva da árvore chinesa da laca), ouro em pó e outros materiais nas rachaduras.

Kokugaku estudo nacional.

Kounaichoumi cozinhar na boca.

Mono no aware *páthos* das coisas.

Nagori fim da estação, quando os ingredientes passam a ficar menos disponíveis.

Nikkoyoku banho de sol.

Okazu acompanhamento.

Omakase seleção do chef.

Onsenyoku banho em fonte termal.

Rakugo teatro tradicional em que um único ator assume o papel de diferentes personagens, com frequência em histórias que envolvem conflitos.

Ryokan pousada tradicional japonesa.

Sado caminho do chá.

Sakana termo antigo para descrever qualquer tipo de comida que combinasse bem com saquê.

Sakari meio da estação, quando os ingredientes estão no auge do sabor.

Satoyama descreve os limites entre o *sato* (hábitat humano) e a *yama* (montanha). Trata-se, portanto, de onde a civilização e a natureza se encontram e dão fruto a uma bela harmonia. Por todo o Japão, você pode encontrar o *satoyama* ao longo dos limites entre as planícies e as montanhas ou entre os vales e as baixadas.

Seiyu dublador.

Sensei professor.

Shakkei significa "cenário emprestado". Por exemplo, o jardim Genkyuen, na cidade de Hikone, está "pegando emprestado" as vistas do castelo de Hikone, ao lado, uma obra-prima do período dos samurais designada como Tesouro Nacional.

Shinrin-yoku termo relativamente novo, cunhado em 1982 por Tomohide Akiyama, então chefe do Ministério Florestal, que quer dizer "banho de floresta" (a saber, estar na natureza).

Shodo caligrafia.

Shokado caixa de bentô com apresentação elegante.

Shokuiku educação alimentar.

Sodoku forma tradicional de começar a aprender (não confundir com sudoku).

Teire literalmente quer dizer "colocar as mãos" ou, mais vagamente, "cuidado humano contínuo". O *teire* é considerado uma parte importante e necessária de nosso papel na preservação e proteção do mundo natural.

Tokowaka literalmente "jovem para sempre".

Tsumami descreve a gama de pratos concebidos e desenvolvidos especialmente para acompanhar o saquê. Também pode se referir a alimentos que podem ser acompanhados por outras bebidas alcoólicas, como cerveja, uísque e vinho. É possível dizer, por exemplo, que o edamame é um *tsumami* perfeito para a cerveja, ou que o queijo é um *tsumami* excelente para o vinho.

Ukiyo mundo flutuante, que remete à importância do efêmero na vida japonesa, como a estima pelas flores de cerejeira na primavera.

Wabi sabi aceitação da transitoriedade e da imperfeição.

Waka tipo de poesia da literatura clássica japonesa.

Wayochu se refere aos estilos culinários originários do Japão (*wa*), do Ocidente (*yo*) e da China (*chu*); representa o principal tipo de alimentos disponível no Japão moderno.

Yoku termo genérico para descrever "banho", mas pode se referir à imersão em qualquer ambiente.

Yomihitoshirazu autor desconhecido.

Zatsudan descrição de "conversa-fiada". "*Zatsu*" se refere à rica diversidade de assuntos em uma conversa, e "*dan*" tem relação com as narrativas vivazes que são capturadas nas conversas idiossincráticas das pessoas.

***Zen* budismo** fé e disciplina religiosa centrada na contemplação do sentido da vida.

Fontes Staff e Lygia
Papel Pólen Bold 70 g/m²
Impressão Imprensa da Fé